OEUVRES

DE

JACQUES DELILLE.

TREMBLAY, IMPRIMEUR A SENLIS.

L'IMAGINATION,

POÈME

PAR JACQUES DELILLE.

DEUXIÈME ÉDITION,

ACCOMPAGNÉE DE NOTES HISTORIQUES ET LITTÉRAIRES,
ET AUGMENTÉE D'ENVIRON CINQ CENTS VERS NOUVEAUX.

TOME PREMIER.

A PARIS,

CHEZ L. G. MICHAUD, LIBRAIRE,

PLACE DES VICTOIRES, N°. 3.

M. DCCC. XXV.

L'IMAGINATION,

POËME

EN HUIT CHANTS.

ÉPITRE

A MADAME DELILLE.

O toi, de tous les biens le plus cher à mon cœur,
Qui m'adoucis les maux, m'embellis le bonheur;
Dont la raison aimable et la sage folie,
Quand du crime légal les sanglants attentats
Jetaient autour de nous les ombres du trépas,
 M'ont tant de fois, dans ma mélancolie,
Consolé de la mort et presque de la vie!
  Reçois l'hommage de ces vers,
Douce distraction de mes chagrins amers.
  A qui de mon plus cher ouvrage
 Plus justement pouvais-je offrir l'hommage?
Le sujet t'avait plu, ma muse l'embrassa;
  Et cet ouvrage commença
  (Que cette époque m'intéresse!)
Le jour même où pour toi commença ma tendresse :
Ce jour, un seul regard suffit pour m'enflammer;
Car te montrer c'est plaire, et te voir c'est t'aimer.
 Oh! par combien de douces sympathies
  Nos âmes étaient assorties!
  Pour le malheur même pitié,
  Même chaleur dans l'amitié,

ÉPITRE

Pareil dédain pour la richesse,
Pareille horreur pour la bassesse ;
Mêmes soins du présent, même oubli du passé,
Dont bientôt de notre mémoire
Tout, hormis tant d'amour, peut-être un peu de gloire,
Va pour jamais être effacé.
Dans les revers même constance,
Surtout la même insouciance
De l'impénétrable avenir :
Que dis-je ! avec la Mort et sa lugubre escorte
De loin je crois le voir venir :
Déjà l'essaim des maux vient frapper à ma porte ;
Le Temps, dont je ressens l'affront,
Déjà sur moi portant ses mains arides,
De ses ineffaçables rides
Laboure mon visage et sillonne mon front.
Qu'importe, si je puis, dans mon heureuse ivresse,
Reprendre quelquefois et ma lyre et mes chants !
Mais je n'ai plus ces sons touchants
Qu'embellissait encor ta voix enchanteresse !

Jadis mes vers présomptueux
Chantaient de l'univers les nombreux phénomènes,
Les frais vallons, les monts majestueux ;
Des bataillons armés le choc tumultueux,
Des volcans embrasés les fureurs souterraines,
Et le volcan bien plus impétueux
De nos discordes inhumaines.
Quelquefois, déployant de plus riantes scènes,
Je prêtais aux jardins de plus riches couleurs.

À MADAME DELILLE.

Je guidais un ruisseau, je plantais un bocage,
Et des austères lois de leur vieil esclavage
J'affranchissais les bois, j'émancipais les fleurs;
D'autres fois, dans la paix des domaines champêtres,
Poëte du hameau, j'enseignais à leurs maîtres
    L'art d'y nourrir l'antique honneur,
  De vivre heureux où vivaient leurs ancêtres,
  Et de répandre autour d'eux leur bonheur.

Mais aujourd'hui des arts, de la nature,
Vainement j'oserais essayer la peinture :
Sur mes yeux se répand un nuage confus;
Et comment peindre encor ce que je ne vois plus!
    Le dieu brillant du jour et de la lyre,
    Qui rarement daigne encor me sourire,
    N'est plus pour moi, dans ce triste univers,
Le dieu de la lumière, hélas! ni des beaux vers.
Les muses, à mes vœux autrefois si dociles,
  Quand jeune encor je vivais sous leur loi,
    Se montrent déjà difficiles,
    Même quand je chante pour toi ;
    Déjà de mon aride veine
Les nombres cadencés ne coulent qu'avec peine.

Écoute donc, avant de me fermer les yeux,
Ma dernière prière et mes derniers adieux :
Je te l'ai dit, au bout de cette courte vie,
Ma plus chère espérance et ma plus douce envie,
  C'est de dormir au bord d'un clair ruisseau,
A l'ombre d'un vieux chêne ou d'un jeune arbrisseau;

Que ce lieu ne soit pas une profane enceinte ;
Que la religion y répande l'eau sainte,
Et que de notre foi le signe glorieux,
Où s'immola pour nous le Rédempteur du monde ;
M'assure, en sommeillant dans cette nuit profonde,
    De mon réveil victorieux (1).

    Là, quand le ciel voudra que je succombe,
Dans le repos des champs place mon humble tombe.
Tu n'y pourras graver ces titres solennels
Qui survivent aux morts, et qu'au sein des ténèbres
Emporte dans l'horreur de ses caveaux funèbres
L'incorrigible orgueil des fragiles mortels :
    Au lieu de ces honneurs suprêmes,
Du néant vaniteux emphatiques emblèmes,
Place sur mon tombeau quelqu'un de ces écrits
Que ton goût apprécie et que ton cœur inspire,
    Que tu venges par un souris
    Des insultes de la satire.

    Quand le céleste Raphaël,
Aux pieds de l'Éternel, pour chanter ses louanges,
Alla se réunir à ses frères les anges,
    Et retrouver ses modèles au ciel,
Sur la tombe précoce où périt son jeune âge,
    Il ne reçut point en hommage

(1) Madame Delille a dignement acquitté cette dette de la piété et de la tendresse conjugale. (Voy. la *Notice historique*, tom. I, pag. lviij.)

A MADAME DELILLE.

Ces nobles attributs, ces brillants écussons
Qui d'une race illustre accompagnent les noms;
Mais ce tableau fameux, son plus sublime ouvrage,
Du Christ transfiguré majestueuse image,
Par la force et l'audace aux Romains enlevé,
Et de ses derniers jours chef-d'œuvre inachevé.
Quel ornement pompeux, quelle riche hécatombe
    Eût égalé des tributs si flatteurs?
Un si touchant trophée attendrit tous les cœurs,
Et la Gloire, en pleurant, lui vint ouvrir la tombe.

    Je suis bien loin d'avoir les mêmes droits;
Mais lorsque de la mort j'aurai subi les lois,
    Pour rendre hommage à ma cendre muette,
    Sur mon cercueil arrosé de tes pleurs,
Rends à mes vers l'honneur qu'on fit à sa palette;
Un vieil accord unit le peintre et le poëte
Les beaux-arts sont amis, et les muses sont sœurs.
      Dans ma retraite ténébreuse,
    Si tu m'aimas, viens aussi quelquefois
      A ma tombe silencieuse
      Faire ouir cette douce voix,
      Dont la grâce mélodieuse
      Et la justesse harmonieuse
Rendront jaloux les Amphions des bois.
Ne crains pas d'y chanter les airs mélancoliques
      De ces Arions italiques
Qui des sons modulés t'enseignèrent les lois;
    J'aimai toujours leurs accords pathétiques.
      Peut-être à tes sons gémissants

Ma muse encor rendra quelques tristes accents ;
    Car, tu le sais, cette aimable déesse
Qui s'empara de moi quand je reçus le jour,
    La Poésie, à la vive allégresse
        Préfère, pour former sa cour,
Et la Mélancolie, et la douce Tristesse,
        Filles rêveuses de l'Amour.
    O de mon sort souveraine maîtresse !
Je leur vouai mon cœur en te donnant ma foi :
Et tout ce que les dieux ont d'une main féconde
    Versé de biens et de plaisirs au monde
N'égale pas l'espoir d'être pleuré par toi.

        Que des muses audacieuses
        Dans leur rimes ambitieuses
        Rêvent leur immortalité,
Moi je n'aspire plus qu'à la tranquillité
        De la rustique sépulture
        Où doit bientôt à la nature
        Se rendre ma fragilité.
    Toi, viens me voir dans mon asile sombre !
Là, parmi les rameaux balancés mollement,
La douce illusion te montrera mon ombre
        Assise sur mon monument ;
    Là, quelquefois, plaintive et désolée,
Pour me charmer encor dans mon triste séjour,
Tu viendras visiter, au déclin d'un beau jour,
        Mon poétique mausolée ;
Là tu me donneras, en passant, un soupir
Plus doux pour moi qu'un souffle du zéphyr ;

Par toi ces lieux me seront l'Élysée :
Le ciel y versera sa plus douce rosée ;
L'ombre y sera plus fraîche, et les gazons plus verts ;
Les vents plus mollement caresseront les airs ;
  Et, si jamais tu te reposes
Dans ce séjour de paix, de tendresse et de deuil,
  Des pleurs versés sur mon cercueil
Chaque goutte, en tombant, fera naître des roses.

PRÉFACE.

Ce poëme a été commencé dans l'année 1785, et fini en 1794. L'intervalle de ces deux dates a été marqué par de grands événements, dont on y retrouvera quelques traces. Cette observation m'a paru nécessaire, car il est juste que chaque époque soit chargée de sa propre responsabilité.

Deux inconvénients sont attachés aux ouvrages long-temps annoncés : le public se venge de ces retards par un jugement trop rigoureux; les lectures qu'en a faites l'auteur, soit dans le monde, soit dans les sociétés littéraires, les fragments qui en sont connus, lui donnent, au moment de sa publication, un air de vieillesse qui le décolore.

De plus, cette longue attente donne à la malveillance le temps de s'armer contre le succès, et déjà, au défaut de l'ouvrage qu'on ne connaissait pas, on en a attaqué le titre; on a prétendu que l'Imagination était un sujet trop vague et trop étendu; on a oublié que Lucrèce a fait un poëme sur la nature des choses, *De rerum naturâ*, c'est-à-dire sur le monde entier et sur tout ce qu'il renferme; sujet assurément beaucoup plus vague, beaucoup plus étendu, et dont l'Imagination ne seroit qu'une faible partie, ce qui n'empêche pas que ce poëme ne soit un des plus magnifiques et un des plus précieux monuments de l'antiquité. La grande étendue d'un sujet est plutôt un avantage qu'un inconvénient; l'important est d'en diviser les masses en parties bien distinctes et bien circonscrites.

C'est ce que je me suis proposé de faire, comme on le verra dans le plan que je trace ici de l'ensemble du poëme, et des différentes parties qui le composent.

CHANT PREMIER.

L'homme sous le rapport intellectuel.

Les sens sont frappés par les divers objets qui se présentent à eux; ces impressions se gravent dans la mémoire : phénomène inexplicable de cette faculté; c'est dans son vaste dépôt que l'imagination les choisit, les colore, les modifie, les assortit à son gré; les songes, ouvrage de l'imagination encore agissante dans le repos de la nuit, l'action de l'imagination dans la création et l'emploi des figures, ses voyages du monde moral au monde physique, du monde physique au monde moral, et l'art avec lequel elle les embellit l'un par l'autre; de là les comparaisons; les différentes idées éveillées les unes par les autres; ce qui, dans les divers caractères des objets, frappe le plus vivement l'imagination; les effets que produisent sur elle les contrastes, les oppositions et les rapports plus ou moins immédiats; comment elle arrive d'une idée à celle qui en paraît le plus éloignée; des idées innées, de leur influence sur le reste de la vie; quel degré de bonheur peut procurer à l'homme la culture de son intelligence et de son imagination. Episode historique à ce sujet.

CHANT DEUXIÈME.

L'homme sensible.

Influence de l'imagination sur le bonheur; les plaisirs de l'illusion suppléant aux plaisirs réels; l'imagination, dédaignant le présent, se rejette vers le passé par le souvenir, et vers l'avenir par la prévoyance. Le souvenir, source d'un grand nombre d'affections, de vices et de vertus, produit les regrets, les remords, l'amitié, la reconnaissance et la haine : épisode relatif à cette passion. L'avenir frappe encore plus vivement l'imagination; elle y est entraînée d'un côté par la crainte, de l'autre par l'espérance; son influence non-seulement morale, mais physique; quelques effets heureux des illusions du *mesmérisme ;* effets nuisibles ou salutaires de la crainte ; avidité avec laquelle elle cherche les pronostics de l'avenir; ce que l'imagination ajoute à l'avarice, à l'ambition et à l'amour : épisode relatif à cette passion.

CHANT TROISIÈME.

Impression des objets extérieurs.

Les couleurs, les formes, les mouvements, la grâce qui résulte de leur élégance et de leur harmonie; pouvoir et charme de la pudeur; pouvoir de la nouveauté, ses attraits et ses dangers; puissance de la mode; impression qu'on reçoit à la vue de ce qui commence et de ce qui finit; de l'enfance et de la vieillesse; ce que le besoin d'être ému donne d'attraits même aux spectacles les plus terribles, les batailles, les volcans. Quels objets font naître et entretiennent la mélancolie, la tristesse, l'épouvante et l'horreur; nuances qui séparent et distinguent ces diverses affections; les objets riants, leur définition; peinture de quelques objets de ce genre; effets de la grandeur sur l'imagination; la grandeur dans les ouvrages de la nature, les forêts, la mer et les montagnes; grandeur du spectacle du ciel; l'homme, chef-d'œuvre de la création, et affectant plus vivement l'imagination que tous les autres objets, par l'impression de ses sentiments; éloquence du discours, du geste et surtout du regard : un coup d'œil de Marius désarmant son assassin.

CHANT QUATRIÈME.

Impression des lieux.

Au premier aspect, le sujet de ce chant peut paraître tenir de trop près à celui qui le précède; mais en y réfléchissant, l'impression des lieux ne peut pas plus se confondre avec les objets dont nous sommes frappés que le site d'un volcan avec le volcan lui-même, le lieu de la scène avec l'action qu'on y représente, un champ de bataille avec le combat dont il est le théâtre.

Effets réciproques de l'imagination sur les lieux, et des lieux sur l'imagination; influence des lieux sauvages et riants, agissant sur nous avec une variété qui dépend des dispositions de notre âme. A la puissance physique des lieux se joint la puissance morale, qui prend sa source dans nos souvenirs agréables ou tristes : nous aimons les lieux où nous reçûmes la naissance ou l'éducation, où nous avons été heureux, où nous fûmes amants ou aimés, ceux même où nous fûmes malheureux, ceux où reposent les objets de nos affections et de nos regrets. Antiquité des lieux et souvenirs qui y sont attachés : ces lieux font une impression d'autant plus vive, qu'ils rappellent des événements plus célèbres; l'imagination se plaît à en parcourir les ruines, à les rebâtir; recompose Rome et Athènes. Episode sur le voyage en Grèce par M. de Choiseul ; charmes qu'éprouvent les écrivains dans les lieux qui les ont inspirés. Impression des lieux ténébreux, des lieux solitaires, et de la solitude et des ténèbres réunies à un grand danger :

PRÉFACE.

exemple de ces impressions, tiré d'un fait arrivé dans les catacombes de Rome.

CHANT CINQUIÈME.

Les arts.

Hymne à la beauté, considérée comme le modèle des arts; le beau idéal dans la sculpture et la peinture; soin que les artistes grecs avoient de ne saisir dans la nature que ce qu'il y avait de plus parfait, et de composer un tout de plusieurs traits épars, choisis par le goût et reproduits par le génie; ces artistes se sont même souvent élancés au-delà de la nature pour y trouver une perfection dont elle ne leur offroit point de modèle; l'Apollon du Belvédère, la Transfiguration de Raphaël; la musique, la danse, l'architecture; description de la rotonde de Saint-Pierre de Rome; la poésie, ses charmes et ses consolations; ses différents genres : la comédie, la tragédie, Molière et Racine; l'apologue, La Fontaine; l'épopée, Homère, Virgile, le Dante, Milton, l'Arioste, le Tasse, Ovide, Voltaire. L'éloquence; force qu'elle donne aux vérités utiles; les hautes sciences, sous le rapport de l'imagination; la géométrie; ce que doivent à l'imagination les arts mécaniques, l'horlogerie, l'imprimerie, la navigation.

CHANT SIXIÈME.

Le bonheur et la morale.

Influence de l'imagination sur le bonheur dans les différents âges; par quels principes on doit diriger l'imagination; sources du bonheur, l'indépendance, le travail qui doit toujours avoir un but et une espérance; la vertu, sous le rapport de l'imagination; elle voit le passé embelli par ce qu'elle a fait, et l'avenir par ce qu'elle espère. Le bonheur sous le rapport de la société; inconvéniens de l'excès de confiance et de défiance; portrait de J.-J. Rousseau. L'imagination, qui exagère les avantages de la vie, en exagère aussi les peines; comment on peut armer l'imagination contre la crainte de la mort, de la pauvreté, de l'obscurité; ressources que la nature elle-même nous fournit pour apprendre à ne pas les craindre; secours que peut y ajouter la lecture des moralistes; Horace, Rousseau, Fontenelle, Voltaire, Montaigne; nécessité de se décider dans le choix

PRÉFACE.

de ses lectures par son âge et ses besoins ; nécessité de réprimer l'activité de l'imagination dans les circonstances malheureuses ; l'ingratitude ; perte de sa fortune, de ses amis ; l'exil et surtout la captivité ; nécessité de s'occuper dans ces différentes situations, et d'opposer les distractions aux chagrins : exemple de Pélisson.

CHANT SEPTIÈME.

La politique.

Insuffisance des lois et des peines pour gouverner un peuple ; moyens que l'imagination a inventés pour y suppléer, et pour lui inspirer l'amour de la patrie et de l'obéissance ; puissance de l'étiquette ; avantages qu'en ont recueillis les gouvernements, et les malheurs auxquels ils se sont livrés en s'en écartant. Cérémonies et fêtes publiques ; le culte des morts chez les peuples policés et les peuples sauvages ; avantages qu'en retire la société ; combien il sert à lier ensemble par les souvenirs et les regrets les générations successives, et combien il ajoute de pouvoir aux dernières volontés des morts, rendues plus sacrées par les honneurs qu'on leur rend; la fête des morts; la résurrection; récompenses des justes; hommage rendu à M. Turgot. Fêtes champêtres imaginées pour délasser le peuple de ses travaux et pour l'y attacher; description de quelques-unes de ces fêtes dans différents pays; fêtes triomphales; description des triomphes romains; jugement solennel des rois d'Egypte; fêtes nationales de la Grèce; genre de spectacles que peuvent avoir les peuples vivant sous un ciel moins favorable à ces solennités. Puissance des monuments, leur origine, leurs progrès, les tombeaux; mausolée du maréchal de Saxe; soins politiques des anciens de présenter en spectacle les monuments des hommes illustres, comme des objets d'émulation et des leçons de vertus; profanation des tombeaux de Saint-Denis; danger de prodiguer les honneurs et de les décerner sans choix; médailles échappant par leur petitesse aux injures du temps. Du costume des différents états; malheurs qu'ont produits l'abandon et le mépris des costumes; puissance des signes, la *rose blanche*, la *rose rouge*, les factions *verte* et *bleue*, le ruban *tricolore*.

CHANT HUITIÈME.

Les cultes.

Contemplation de l'Etre suprême, première source de toute perfection ; distance que notre faiblesse met entre nous et la Divinité ; besoin d'un culte qui nous en rapproche, et nous rende plus présente l'idée d'un Dieu vengeur et rémunérateur. Sources diverses des différents cultes créés par la reconnaissance, la crainte, l'espoir, l'intérêt et l'orgueil ; les bienfaiteurs de leur patrie, premier objet du culte dans l'antiquité ; les vices et même les crimes partagèrent quelquefois avec la vertu les honneurs d'un culte public ; apothéose des empereurs romains ; la crainte, source plus commune encore que la reconnaissance d'un grand nombre de croyances religieuses ; forme hideuse qu'elle prête aux dieux créés par elle ; vœu du poëte en faveur des Africains élevés dans ces cultes bizarres et funestes ; divinités indiennes formées sur le modèle des dieux insouciants d'Epicure. Les dieux créés par l'intérêt ; fête des Maldives consacrée aux vents par un peuple navigateur. Influence de l'orgueil sur quelques cérémonies religieuses ; le singe adoré dans quelques pays, à cause de sa ressemblance avec l'homme; des Indiens offrant à leurs dieux des copeaux, parce que leur chevelure est naturellement bouclée. Le besoin des nouveautés donne naissance à un grand nombre de cultes; les inventeurs des arts divinisés. Penchant invincible de l'homme pour la superstition; honneurs divins rendus aux animaux les plus vils, et même aux êtres inanimés; superstition plus ridicule encore du culte rendu au grand Lama; les peuples qui à leur gré se font des dieux de fantaisie; le désir de connaître l'avenir créant les auspices et les augures, et tous les genres de prédictions; les Romains gouvernés par le cri ou le vol d'un oiseau; superstitions des oracles tributaires de l'orgueil et de l'ambition. Véritable origine de l'union entre l'autorité civile et l'autorité religieuse; heureux effets de cette union; les différentes divinités des anciens transportées par la tradition du lieu de leur origine en d'autres pays; connaissance d'un seul Dieu transmise par Moïse aux Hébreux; impression profonde et constamment conservée par ce peuple de ses premières idées; la pompe de ses cérémonies; la religion préside à ses actions en apparence les plus indifférentes. Les dieux de l'Egypte transportés dans la Grèce, mais avec des formes plus aimables et plus douces; les Romains, qui les adoptèrent, par l'effet de leur caractère plus sérieux et plus grave, leur donnèrent des formes plus majestueuses et plus sévères; moyen politique que trouvèrent les Romains dans le culte public; leurs fêtes triomphales et champêtres entretenant l'amour de la gloire et de l'agriculture: Jupiter-Stator; Palès; le dieu Terme, protecteur des propriétés; les dieux domestiques fêtés à Rome et dans la Chine; traitements capricieux auxquels ils étaient soumis à Rome, et dont on trouve encore des traces en Italie. Influence des fondateurs sur les religions; Zoroastre, Numa, Mahomet, Confucius; influence des mœurs et des climats; soleil adoré dans presque toutes les parties du monde; invocation du poëte à cet astre, source de tant de bienfaits. La religion révélée; son incomparable supériorité; si l'imagination ne l'a pas créée, elle a augmenté la pompe de ses solennités, a embelli ses triomphes, et l'a soutenue dans ses persécutions; tableaux des martyrs et des premiers chrétiens rassemblés dans les catacombes ; cruauté du fanatisme ; les Grecs plus modérés, tous les peuples de la Grèce réunis à Délos pour la fête d'Apollon ; sacrifices humains dans les Gaules et le Mexique. Toutes les religions mettent l'espoir du pardon à côté de la crainte des châtiments ; avantage de la religion chrétienne sous ce rapport ; épisode à ce sujet.

Cette exposition générale du plan de l'ouvrage me dispense de parler du pouvoir que l'imagination exerce sur nos plaisirs, sur nos peines, et sur les ouvrages du génie, dans les différentes carrières qui lui sont ouvertes. Je m'en tiendrai à celui qu'elle exerce sur les arts d'imagination. Il suffira d'en citer deux exemples tirés l'un du plus grand des peintres, et l'autre du plus grand des poëtes. Dans les arts d'imagination, il ne suffit pas de choisir un sujet heureux et une idée féconde, il faut entourer l'idée principale de toutes celles qui l'avoisinent.

Raphaël veut peindre le Fils de Dieu, dont la divinité triomphante de sa mortalité passagère remonte vers le ciel : la divinité dans tout l'éclat de sa gloire ne peut seule remplir toute l'idée de ce grand peintre ;

mais s'il me montre, sur la terre et sur le premier plan, un démoniaque entouré de quelques apôtres occupés de sa délivrance ; sur le second plan, au sommet d'une montagne, d'autres disciples de Dieu, sans s'apercevoir de ce qui se passe sur la terre, fixant des yeux éblouis, mais non pas étonnés, sur l'image céleste du Dieu triomphateur qui verse autour de lui des torrents de lumière ; s'il fait contraster la majestueuse sérénité de ce Dieu, vainqueur de la mort, avec les traits convulsifs du démoniaque, emblème des passions humaines, et même avec l'inquiète sollicitude des apôtres qui viennent à son secours ; s'il me montre au-dessus du Fils de l'Eternel des groupes d'anges dont la présence annonce le voisinage du ciel, et qui semblent prêts à le reconduire en triomphe au trône de son Père :

Alors je reconnais l'ouvrage d'une imagination féconde et sublime ; alors j'oublie la correction du dessin et toute la beauté de l'exécution ; je ne suis plus occupé que du contraste admirable qu'il met entre le calme radieux de la divinité, et l'agitation de l'humanité souffrante. Je passe des hommes à Dieu, de la terre au ciel ; des peines et des passions de cette vie, à l'impassible tranquillité des demeures célestes; et je me trouve heureux, et presque fier, d'avoir senti ou deviné l'idée de ce grand homme. Non-seulement l'imagination peut seule composer de beaux ouvrages, mais elle peut seule les louer dignement. « Eh bien ! disait un peintre à un voyageur revenu de Rome, ces beaux enfants du Dominicain sont-ils grandis ? » Au moment où un grand sculpteur venait de donner le dernier coup de ciseau à un cheval en marbre, « Marche donc », dit un témoin de son travail. Voilà l'imagination louant le génie !

Combien la poésie doit encore à l'imagination ! pour nous en convaincre, essayons d'assister par son pouvoir à la première conception de l'*Iliade*. Depuis long-temps retentissaient aux oreilles d'Homère les récits miraculeux de la guerre de Troie; les instituteurs et les nourrices les contaient à leurs élèves et à leurs nourrissons; les mères à leurs enfants : une foule de héros, différents de patrie, de caractère et de courage, mais tous réunis par le même intérêt : l'artificieux Ulysse, l'impétueux Ajax, le sage Nestor; l'impiété farouche de Diomède, le caractère religieux d'Hector; le fier Achille s'élevant au-dessus d'eux tous, également passionné dans son amitié et dans sa haine, retiré dans sa tente, mais toujours présent par son absence même, plus funeste aux Grecs par son refus de combattre, qu'aux Troyens par sa valeur; le choc de deux puissants empires, la lutte de l'Europe et de l'Asie; les hommes et les dieux, mais des dieux passionnés et des hommes héroïques; les plus riches peintures de la nature physique et morale; les plus tendres affections du cœur venant adoucir les horreurs des batailles; le vieux Priam aux pieds du féroce Achille, recevant de ses mains sanglantes le cadavre de son fils; Andromaque, son enfant dans les bras, cherchant à détourner Hector d'un combat inégal, et opposant à son courage le sourire de son fils : toutes les richesses de la géographie, toutes les traditions de la théogonie, enfin l'orgueil national de la Grèce flattée du récit de ses victoires, voilà ce que l'imagination d'Homère lui montre dans ce magnifique sujet; il s'en empare, et l'*Iliade* devient le prototype éternel de l'épopée : tant le succès d'un ouvrage dépend de la force et de l'étendue de la première conception!

Avant de peindre le pouvoir de l'imagination, il étoit nécessaire de décomposer l'homme dans sa double organisation d'être intellectuel et d'être sensible, car c'est de ces deux sources que dérivent ses idées et ses sentiments, sur lesquels l'imagination exerce une si vive influence. Plus on observe le monde physique et moral, plus on aperçoit la correspondance éternelle que la nature a établie entre eux : c'est d'après ce principe que doit être écrit un poëme philosophique. Tout ouvrage de ce genre a pour objet des vérités physiques ou des vérités morales. Dans le premier cas, le poëte, pour rendre plus intéressantes les peintures du monde matériel, doit les rapprocher des vérités morales, et trouver entre elles des rapports ingénieux. Ce sont ces images qui donnent aux idées abstraites de la morale et de la métaphysique un corps, une figure et un vêtement, comme je l'ai dit dans le premier chant de ce poëme :

Tout entre dans l'esprit par la porte des sens.

Et, sous ce rapport, on peut dire que la poésie est matérialiste; ces rapprochements peuvent se faire ou par la peinture immédiate des objets moraux ou physiques, ou par la voie indirecte des comparaisons, qui transporte la pensée de l'un à l'autre. Qu'on me permette ici de citer, non pas comme modèles, mais comme exemples, quelques comparaisons tirées de cet ouvrage. Quand j'ai voulu exprimer comment les objets modifient l'imagination, comment ils sont eux-mêmes modifiés par elle, il m'a suffi de peindre l'action réciproque des eaux sur le rivage, et du rivage sur les eaux :

> Du mobile océan tels les flots onduleux
> Vont façonner leurs bords, ou sont moulés par eux.

Si je veux expliquer comment les idées sont réveillées les unes par les autres, je me rappelle l'étincelle qu'on approche d'un amas de poudre, dont les grains, s'embrasant de proche en proche, produisent un vaste incendie :

> Voyez ces longs canaux, retraite ténébreuse
> Des esprits sulfureux qui, prêts à s'allumer,
> N'attendent que la main qui va les enflammer ;
> De cet amas dormant de nitre et de bitume,
> Qu'une étincelle approche, un feu soudain s'allume ;
> Il court de tube en tube, erre de tous côtés,
> Fait éclore, en passant, mille objets enchantés :
> C'est un fleuve de feu, c'est un dragon superbe ;
> Ici tourne un soleil, là s'élance une gerbe,

Des astres inconnus peuplent le firmament ;
Une étincelle a fait ce vaste embrasement.

Avec le même avantage et le même succès, les idées morales viennent se joindre aux peintures du monde physique ; ainsi, lorsque dans un éloge de la rose, j'ai voulu peindre les émanations de son parfum, j'ai dit :

La rose au doux parfum, de qui l'extrait divin,
Goutte à goutte versé par une avare main,
Parfume, en s'exhalant, tout un palais d'Asie,
Comme un doux souvenir remplit toute la vie.

C'est par le secours de ces échanges continuels que la poésie se fertilise et s'enrichit ; ils ont un double avantage, celui de jeter plus de variété dans la composition, et celui de flatter le penchant naturel de l'homme à saisir dans l'assemblage des êtres les deux bouts de la chaîne, et de rapprocher par des rapports ingénieux des êtres d'une nature si différente.

Mais ce genre de composition demande une grande variété de connaissances, qui ne peut s'acquérir que par de longues études, ou mieux encore par de longs voyages. C'est par ce double moyen qu'Homère, Virgile, le Tasse et Milton ont enrichi leurs poëmes d'une aussi prodigieuse variété de tableaux. On disoit un jour à Thompson, le célèbre auteur du poëme *des Saisons*, qu'un de ses amis avoit composé un poëme épique. « Un poëme épique! répondit Thompson avec vivacité, cela n'est pas possible, il n'a jamais vu une montagne. » Mais si cette variété est nécessaire à un poëme épique, soutenu par l'intérêt d'une grande action, combien l'est-elle encore davantage dans un poëme philosophique ou didactique, qui ne peut valoir que par la richesse des détails et le mérite de l'exécution! Cependant un avantage qu'on ne peut lui refuser, c'est de pouvoir également s'élever au genre le plus noble, et descendre au ton simple et familier de la satire et de l'épître; c'est dans ce sens que Boileau a dit :

>Heureux qui, dans ses vers, sait d'une voix légère
>Passer du grave au doux, du plaisant au sévère!

Horace semble avoir tracé les devoirs du poëte philosophe, dans ces vers pleins de sens et de finesse :

>Defendente vicem modo rhetoris, atque poetæ;
>Interdum urbani, parcentis viribus, atque
>Extenuantis eas consulto.

« Prenant tantôt l'accent élevé de l'orateur et du poëte, tantôt celui de l'homme du monde qui ménage ses forces et les affaiblit à dessein. » Aussi appelle-t-il les vers de ses satires et de ses épîtres, *sermoni propiora,* le style de la conversation.

Ce qui m'a coûté le plus dans mon travail, c'est de ne pas abuser de la richesse poétique du sujet, et de ne pas sacrifier l'instruction à l'éclat des peintures et à la pompe des descriptions; les poëmes philosophiques, dénués d'instruction, de méthode, et surchargés d'ornements, ressemblent à ces amas de glaces stériles, éblouissants et froids.

Un jour que je m'étais occupé des idées abstraites qui appartiennent à ce sujet; dans une de ces rêveries qui ressemblent à des songes, j'ai cru voir m'apparaître le Génie de la langue française; son air était froid et noble; son vêtement, d'étoffes et de couleurs différentes, chargé de diamants et de strazs, sa démarche grave et compassée, son langage un peu monotone, et son maintien maniéré. « Eh quoi! me dit-il en s'approchant de moi, ce n'était donc point assez de m'avoir retiré de la société des rois et des héros, pour m'entourer de laboureurs et de pâtres; de m'avoir arraché aux pompes du théâtre, pour me jeter dans des terres labourables, dans des jachères et des friches; d'avoir substitué dans mes mains au sceptre de la tragédie, aux grelots de la gaieté comique, des serpes et des râteaux; voilà que vous me forcez encore de m'occuper tristement d'idées metaphysiques et abstraites, jusqu'ici tout-à-fait étrangères à la poésie. — Permettez-moi, lui dis-je, de me justifier, et de vous tracer ici le tableau fidèle de mes travaux poétiques. Votre langue était généralement accusée d'une pauvreté dédaigneuse; vous paraissiez surtout avoir une grande répugnance à peindre les travaux et les occupations champêtres. Voltaire avait prétendu que Boileau même n'aurait pas osé traduire les *Géorgiques* de Virgile; je vous proposai de donner un heureux démenti à cette allégation; vous me prêtâtes pour cette entreprise des richesses jusqu'alors ignorées de notre langue : l'ouvrage parut; les femmes et les jeunes gens le lurent peu, mais firent semblant de le lire. L'ouvrage fut presque à la mode, et le suffrage des gens de lettres lui promit un succès plus durable.

» Une ordonnance monotone et symétrique regnait dans nos jardins; de tristes charmilles, dans leurs ennuyeux alignements, masquaient aux yeux les formes et les teintes différentes des arbres. Les eaux dormaient dans des bassins, de long canaux s'étendaient en lignes droit s, le ruisseau le plus animé n'eût osé se permettre le plus petit détour; tout l'emplacement était soigneusement nivelé : c'était à la poésie à réformer ces abus. Aidé de votre secours, je chantai les jardins libres et irréguliers : la variété succéda à la monotonie, la liberté à l'esclavage; les bois, les prés, les eaux reprirent leur indépendance, et les jardins devinrent des paysages.

» Ce travail achevé, je vous retins encore dans les champs; nous n'avions point de *Géorgiques françaises*. Celles de Virgile, si parfaites dans l'exécution, semblaient incomplètes dans leur plan. Il ne nous avait point présenté l'homme des champs jouissant de tous les plaisirs que peut offrir la campagne, étudiant tous les aspects variés des saisons, observant la nature pour en mieux jouir, se rendant heureux, et répandant autour de lui son bonheur. L'agriculture dont il a dicté les lois n'est que l'agriculture ordinaire connue de son temps; il n'a point employé le loisir de l'homme des champs à connaître ce qu'il trouve autour de son habitation d'intéressant et de curieux; il a entièrement oublié le philosophe et le naturaliste; enfin il n'a point appris aux poëtes à célébrer leurs beautés et à chanter la magnificence de la nature. J'ai tâché de remplir ces vides (1).

» Cependant votre langue, accusée d'un peu de recherche et d'afféterie, avait besoin d'être retrempée dans la mâle simplicité des poëtes anciens. La traduction des grands modèles de l'antiquité est pour la poésie moderne, passez-moi cette comparaison, ce que sont ces cuves fameuses d'Allemagne où le vin nouveau, versé tous les ans sur les vendanges précédentes, emprunte d'elles sa force et sa maturité. J'avais à choisir entre Homère et Virgile; mais Virgile, vivant sous un gouvernement plus rapproché du nôtre, par cette élégance, cette politesse et ce sentiment des convenances qui n'appar-

---

(1) Nous ne pouvons mieux faire que de renvoyer le lecteur à la préface de l'*Homme des Champs*, où l'auteur a exposé lui-même l'intention de ce poème. (*Note des éditeurs.*)

tiennent qu'à une cour et à un siècle polis ; Virgile, à qui j'ai dû mes premiers succès dans la carrière littéraire, a dû facilement obtenir la préférence. Quoi qu'en aient dit des personnes d'ailleurs très-estimables, cette traduction présentait des difficultés plus grandes peut-être que celles des *Géorgiques*. Indépendamment de l'étendue de l'ouvrage, plusieurs chants, presque entièrement descriptifs, tels que la navigation d'Énée dans le troisième; les jeux célébrés sur le tombeau d'Anchise dans le cinquième; dans le sixième la peinture des enfers; dans les six derniers celle d'une foule de batailles, où les costumes, les armes, les stratagèmes militaires, n'ont rien de commun avec ceux des siècles modernes, demandaient dans l'exécution autant d'efforts que les détails du poëme didactique, et d'ailleurs exigeaient beaucoup plus de mouvement, de verve et d'élévation. Je me suis imposé la plus scrupuleuse fidélité dans la traduction de tout ce qui regarde les usages civils, religieux, politiques ou militaires des anciens, surtout la partie historique et géographique, dont les détails sont si précieux aux amateurs de l'antiquité. Le fameux Danville ayant démandé à un dessinateur de cartes celle de la Grèce, surpris et fâché de n'y pas trouver je ne sais quelle bicoque de l'Attique : Ah! monsieur, dit-il, vous m'avez volé un village.

» Enfin il manquait à votre langue une sorte d'audace dans les idées, d'énergie dans l'expression, que Milton a portée peut-être plus loin que ses prédécesseurs. J'ai donc ajouté à la traduction de l'*Enéide* celle du *Paradis perdu*, et peut-être son auteur aurait vu avec plaisir l'accueil qu'elle a reçu, puisqu'il est dû tout entier au génie avec lequel il a su peindre également la majesté de l'Etre suprême, les fureurs de Satan, tracées d'un pinceau peut-être plus énergique que la colère d'Achille; le ciel, l'enfer, la magnificence de la création, le paradis terrestre, et les chastes amours et les innocentes délices de nos premiers pères. Ainsi la poésie ancienne et la poésie moderne ont concouru à fortifier la vôtre, et quoique vous m'ayez souvent refusé la vivacité des tours, la rapidité du mouvement et surtout l'incomparable secours de l'inversion; qu'au lieu des terminaisons caractéristiques des nombres, des genres, des cas et des temps, vous m'ayez souvent embarrassé de l'appareil des articles et des verbes auxiliaires, plus d'un connaisseur indulgent n'a pas trouvé ce travail inutile pour l'accroissement de vos richesses poétiques.

» Tous ces essais ne pouvaient suffire à l'emploi de vos richesses; la morale et la métaphysique restaient encore presque entièrement étrangères à notre poésie, et j'ai cru qu'un poëme sur l'*Imagination*, sur cette faculté qui exerce sur nos idées, nos sensations et nos sentiments, un si puissant empire, pouvait remplir ce vide et vous ouvrir un champ vaste et fécond (¹). »

A ces mots, le Génie me sourit, me jeta

(¹) Lorsque Delille écrivait ces réflexions, dans lesquelles le génie poétique de notre langue est présenté sous des rapports alors si nouveaux, il n'avait publié ni les *Trois Règnes*, ni *la Conversation* : la traduction de l'*Essai sur l'Homme* était encore dans son portefeuille. Quelle foule d'observations piquantes, ingénieuses, une aussi heureuse application de sa brillante théorie n'eût-elle pas fourni à l'écrivain qui avait si habilement deviné et exploité toutes les ressources, toutes les finesses de notre langue; et quel cours de *grammaire-poétique* fût résulté de l'analyse raisonnée des divers ouvrages de ce grand poëte! Qui pouvait le faire mieux que Delille, et nous initier plus sûrement dans tous les secrets d'un art qui n'en avait plus pour lui !

quelques feuilles de lauriers, détachées de la couronne de Virgile et de Milton, dont les bustes, par le hasard de mon rêve, se trouvaient placés à côté de lui : je les saisis avec empressement, et les rattachai avec respect aux couronnes à qui elles appartenaient.

CHANT PREMIER.

L'IMAGINATION,
POËME.

CHANT PREMIER.

L'HOMME SOUS LE RAPPORT INTELLECTUEL.

Trop heureux le génie, ornement de la scène,
Qui, formé par Thalie, ou cher à Melpomène,
Egayant, à son choix, ou tourmentant les cœurs,
Fait éclater le rire ou ruisseler les pleurs;
Mais heureux, après lui, l'ami de la sagesse (1)
Qui, disciple de Pope, élève de Lucrèce,
Sans masque, sans cothurne, et sans illusion,
D'un style simple et vrai fait parler la raison :
Il n'entend pas pour lui retentir le théâtre
Des suffrages bruyants d'une foule idolâtre;
Mais le sage le lit : le sage quelquefois,
Pour rêver avec lui, s'enfonce dans les bois :
Et, charmé de ses vers, n'en suspend la lecture
Que pour voir les forêts, les cieux et la nature.
Content de ce destin, je chante dans mes vers
L'Imagination, charme de l'univers.

Je dirai ses attraits, son empire invisible
Sur l'être intelligent et sur l'être sensible ;
Comment elle reçoit, par l'organe des sens,
L'image des objets, et des lieux, et des temps ;
Comment, des arts divins inspirant le délire,
Elle anime à la fois les pinceaux et la lyre :
Je peindrai tour à tour ses dangers, ses bienfaits ;
Quel soin peut seconder ou régler ses effets ;
Comment des arts, des jeux, et des fêtes publiques,
Elle étale à nos yeux les pompes politiques ;
Et, suppléant aux lois, ou servant leur pouvoir,
Par des liens de fleurs elle enchaîne au devoir ;
Comment, de mille erreurs créatrice féconde,
De fausses déités elle peupla le monde ;
A l'argile, à la pierre, éleva des autels ;
Devant un bois muet prosterna les mortels ;
Comment enfin, du Christ secondant les conquêtes,
De leur pompe sacrée elle embellit nos fêtes.
Noble et vaste projet ! et tel que l'art des vers
Jamais d'objets plus grands n'entretint l'univers.

Mais pour la célébrer ma voix a besoin d'elle.
Où donc te rencontrer, adorable immortelle ?
Pour enchanter l'oreille ou charmer les regards,
Dans leurs temples brillants inspires-tu les arts ?
Vas-tu sur l'Apennin, sur les Andes sauvages,
Prêter de loin l'oreille à la voix des orages ?
Dans la noire épaisseur de ces antiques bois
Où jamais des humains la hache ni la voix

CHANT I.

N'interrompit la paix de leur nuit ténébreuse,
Aux coteaux d'Hercinie aux champs de Vallombreuse,
Pensive, égares-tu tes pas silencieux ?
De Pomone et de Pan séjour délicieux,
Tibur t'amuse-t-il du bruit de ses cascades ?
Sur les pompeux débris de quelques colonnades
Le temps te montre-t-il le néant de l'orgueil ?
Gémis-tu sur les pas de quelque mère en deuil,
Qui, visitant d'un fils la lugubre demeure,
S'assied, croise les bras, baisse la tête, et pleure ?
Au sein d'un doux réduit, cher à la volupté,
Dans les bras de l'amour remets-tu la beauté ?
Ou bien aimes-tu mieux, dans sa retraite obscure,
Charmer l'ami des arts, l'amant de la nature ?
Eh bien ! je suis à toi. Viens, ô ma déité !
Viens, telle qu'on t'admire en ta variété,
Folâtrant sur les fleurs, se jouant dans l'orage ;
Pour sceptre une baguette, et pour trône un nuage ;
Conduisant sur ton char, entouré de vapeurs,
Les fantômes légers et les songes trompeurs ;
Ta robe sans agrafe et ton corps sans ceinture,
A l'air abandonnant ta libre chevelure :
Viens, portant dans tes mains le myrte et le laurier,
Le luth du troubadour, la lance du guerrier ;
Variant, comme Iris, tes couleurs et tes charmes,
Le rire dans tes yeux prêt à céder aux larmes ;
Jeune, fraîche, et dans l'air, sur la terre et les flots,
Versant toutes les fleurs, excepté les pavots.

Cependant, pour chanter ta puissance divine,
Il en faut avec art démêler l'origine,
Les principes cachés et les ressorts secrets :
Prenons donc de plus haut ces sublimes objets.

Ce n'est pas sans raison que de l'intelligence
Dans les sens ébranlés on plaça la naissance ;
Tout entre dans l'esprit par la porte des sens :
L'un écoute les sons, distingue les accents ;
L'autre des fruits, des fleurs, des arbres et des plantes
Apporte jusqu'à nous les vapeurs odorantes ;
L'autre goûte des mets les sucs délicieux ;
L'œil, plus puissant, embrasse et la terre et les cieux :
Mais, tant que le toucher n'a pas instruit la vue,
Ses regards ignorants errent dans l'étendue ;
Les distances, les lieux, les formes, les grandeurs,
Tout est douteux pour l'œil, excepté les couleurs.
Mais le toucher, grands dieux ! j'en atteste Lucrèce (²).
Le toucher, roi des sens, les surpasse en richesse ;
C'est l'arbitre des arts, le guide du désir,
Le sens de la raison et celui du plaisir.
Tous sont assujettis à ce maître suprême,
Ou plutôt tous les sens sont le toucher lui-même.
Chacun de ses rivaux, dans son pouvoir borné,
A son unique emploi demeure confiné :
La puissance du tact est partout répandue ;
L'ouïe, et l'odorat, et le goût, et la vue,
Sont encor le toucher, le plus noble des sens :
Présents, il les dirige, et les remplace absents.

CHANT I.

Le mortel qui, sans yeux commençant sa carrière,
Pour ne la voir jamais, arrive à la lumière,
D'une main curieuse interroge les corps,
Ecoute du toucher les fidèles rapports.
Par lui, de leur couleur s'il perd la jouissance,
Il juge leur grandeur, leurs contours, leur distance.

   Que dis-je ! chaque sens, par un heureux concours,
Prête aux sens alliés un mutuel secours ;
Le frais gazon des eaux m'embellit le murmure ;
Leur murmure, à son tour, m'embellit la verdure.
L'odorat sert le goût, et l'œil sert l'odorat :
L'haleine de la rose ajoute à son éclat ;
Et d'un ambre flatteur la pêche parfumée
Parait plus savoureuse à la bouche embaumée.
Voyez l'Amour heureux par un double larcin !
La main invite l'œil, l'œil appelle la main ;
Et d'une bouche fraiche, où le baiser repose,
Le parfum est plus doux sur des lèvres de rose.
Ainsi tout se répond, et, doublant leurs plaisirs (³),
Tous les sens l'un de l'autre éveillent les désirs.

   Cependant des objets la trace passagère
S'enfuirait loin de nous comme une ombre légère,
Si le ciel n'eût créé ce dépôt précieux
Où le goût, l'odorat, et l'oreille, et les yeux,
Viennent de ces objets déposer les images,
La mémoire. A ce nom se troublent tous nos sages :
Quelle main a creusé ces secrets réservoirs ?
Quel dieu range avec art tous ces nombreux tiroirs,

Les vide ou les remplit, les referme ou les ouvre ?
Les nerfs sont ses sujets, et la tête est son Louvre.
Mais comment, à ses lois toujours obéissants,
Vont-ils à son empire assujettir les sens ?
Comment l'entendent-ils sitôt qu'elle commande ?
Comment un souvenir qu'en vain elle demande,
Dans un temps plus heureux promptement accouru,
Quand je n'y songeais pas, a-t-il donc reparu ?
Au plus ancien dépôt quelquefois si fidèle,
Sur un dépôt récent pourquoi me trahit-elle ?
Pourquoi cette mémoire, agent si merveilleux,
Dépend-elle des temps, du hasard et des lieux ?
Par les soins et les ans, par les maux affaiblie,
Comment ressemble-t-elle à la cire vieillie,
Qui, fidèle au cachet qu'elle admit autrefois,
Refuse une autre empreinte, et résiste à mes doigts ?
Enfin, dans le cerveau si l'image est tracée,
Comment peut dans un corps s'imprimer la pensée (4)?

Là finit ton savoir, mortel audacieux ;
Va, mesure la terre, interroge les cieux,
De l'immense univers règle l'ordre suprême ;
Mais ne prétends jamais te connaître toi-même ;
Là s'ouvre sous tes yeux un abîme sans fonds.
Quels que soient cependant ces mystères profonds,
Par le secours des sens, par leur vieille alliance,
La mémoire entretient son magasin immense.
Là repose en secret, accumulé par eux,
Tout ce que m'ont appris mes oreilles, mes yeux :

CHANT I.

Les erreurs, les vertus, les faiblesses humaines;
De la terre et des cieux les nombreux phénomènes;
Ce qui croît sous nos pas, ou resplendit dans l'air,
Ou marche sur ce globe, ou nage dans la mer;
Les annales des arts, les fastes de la gloire,
Et les lieux, et les temps, et la fable, et l'histoire;
Et des faisceaux légers de fibres et de nerfs
Dans l'ombre du cerveau vont graver l'univers.
Tel, dans l'enfoncement d'une retraite obscure,
Que n'éclaire qu'à peine une étroite ouverture,
Le magique miroir, dans ses mouvants tableaux,
Représente à nos yeux et la terre et les eaux;
Les travaux des cités, les lointains paysages,
Des objets réfléchis fugitives images.

Mais tandis que les sens nourrissent ce trésor,
Lui-même en remplit un plus admirable encor,
Qui sans cesse reçoit et reproduit sans cesse :
L'Imagination, féconde enchanteresse,
Qui fait mieux que garder et que se souvenir,
Retrace le passé, devance l'avenir,
Refait tout ce qui fut, fait tout ce qui doit être,
Dit à l'un d'exister, à l'autre de renaître;
Et, comme à l'Eternel quand sa voix l'appela,
L'être encore au néant lui répond : Me voilà.
Des maîtres du ciseau, du pinceau, de la lyre,
C'est elle qui produit, qui nourrit le délire,
Donne au fier conquérant son rapide coup d'œil,
Des grands cœurs entretient le généreux orgueil,

Et par l'espoir d'un nom soutient un grand courage.
Tel, des siècles vengeurs pressentant le suffrage,
Cicéron s'élançait vers la postérité,
Et de loin écoutait son immortalité.
La politique même à ma noble Déesse
Doit le plus grand essor de sa haute sagesse.
Son regard voit plus loin, en voyant de plus haut;
Où la foule se traîne, elle arrive d'un saut.
Tel, quand le ver rampant voit à peine un brin d'herbe,
Un immense horizon s'ouvre à l'aigle superbe
Enfin c'est cet instinct, ce sens divinateur,
Qui donne au grand talent son vol dominateur.
Le présent appartient à tous tant que nous sommes,
Aux savants le passé, l'avenir aux grands hommes;
Ou si l'esprit recule au gré du souvenir,
C'est pour mieux s'élancer dans le vaste avenir.

Et le mystique amour, la piété touchante,
Que ne doivent-ils pas au pouvoir que je chante!
Voyez ce tendre cœur qui, prompt à s'enflammer,
Vit l'enfer dans une âme incapable d'aimer (5):
Dans les plaisirs sacrés dont le torrent l'inonde,
Sait-elle encor s'il est d'autres plaisirs au monde?
Loin, bien loin sous ses pieds, elle voit ce séjour;
Il n'est plus que son Dieu, le ciel et son amour.
Tantôt, le contemplant dans l'éclat de sa gloire,
Elle aime à voir enfin ce qu'elle aimait à croire;
Tantôt plus haut encor, sur des ailes de feu,
Sublime, elle s'élève à l'opprobre d'un Dieu,

Endure ses affronts, partage ses tortures,
D'intarissables pleurs arrose ses blessures;
Tantôt, dans les langueurs d'un ineffable amour,
En une longue extase elle épuise le jour;
Et la bouche entr'ouverte, immobile et pâmée,
Elle succombe au Dieu dont elle est consumée (6) :
Tant ce pouvoir divin, cet ascendant vainqueur,
Domine sa pensée et subjugue son cœur!

   Toutefois, triste ou gaie, ou profonde, ou légère,
L'Imagination a plus d'un caractère;
Dépendante des ans, des climats, de nos mœurs;
Le jouet, le tyran et des sens et des cœurs;
Des objets tour à tour esclave ou souveraine,
Elle prend leur empreinte ou leur donne la sienne :
Du mobile océan tels les flots onduleux
Vont façonner leurs bords ou sont moulés par eux.
Tantôt, à recueillir bornant toute sa gloire,
Elle n'est qu'une immense et fidèle mémoire,
Où, comme en un miroir, se peignent les objets;
Tantôt, d'un prisme heureux imitant les effets,
Elle colore tout, et sa vive imposture
Multiplie, agrandit, embellit la nature.
Ainsi, dans un amas de tissus précieux (7),
Quand Bertin fait briller son goût industrieux,
L'étoffe obéissante en cent formes se joue,
Se développe en schall, en ceinture se noue,
Du pinceau, de l'aiguille emprunte ses couleurs,
Brille de diamants, se nuance de fleurs,

En longs replis flottants fait ondoyer sa moire,
Donne un voile à l'amour, une écharpe à la Gloire:
Ou, plus ambitieuse en son brillant essor,
Sur l'aimable Vaudchamp va s'embellir encor (8).

C'est peu de varier, de colorer le monde :
La vive enchanteresse, en chimères féconde,
Lui donne d'autres dieux, d'autres mœurs, d'autres lois,
Et le peuple, à son gré, d'habitants de son choix.
Ainsi créait Rousseau ; d'un peuple fantastique
Ainsi le grand Platon forma sa république :
Et ne vimes-nous pas nos régénérateurs,
Destructeurs courageux et hardis créateurs,
Des états balancés cherchant les équilibres,
Les former tous parfaits, tous vertueux et libres ?!
Dieu garde leurs états! qu'ils y puissent en paix
Fonder leur colonie et n'émigrer jamais (9) !

Ainsi, toujours veillant et toujours agissante
L'Imagination peint, exagère, enfante ;
Même lorsque la nuit ramène le repos,
Quand tout dort, et les vents, et les bois, et les flots,
Qui ne sait son pouvoir? Tel que l'airain sonore,
Qu'on cesse de frapper et qui résonne encore ;
Telle qu'une fois lancé, le rapide vaisseau
Se souvient de la rame et vole encore sur l'eau :
Ainsi, dans le sommeil, l'âme préoccupée
Obéit aux objets dont elle fut frappée ;
Ainsi la nuit du jour retrace le tableau ;
Ainsi de nos pensers nos rêves sont l'écho.

CHANT I.

Des songes, je le sais, la peinture bizarre
Souvent brouille, déplace, ou confond, ou sépare.
Tel au miroir des eaux notre œil voit retracés
Les nuages en bas, les arbres renversés,
La terre sous les eaux, et les troupeaux dans l'onde,
Et les ruisseaux roulant sur la voûte du monde;
Mais le fond est le même. En songe, un orateur (10)
En quatre points encor lasse son auditeur.
Bercé par le rouet d'une rauque éloquence,
En songe, un magistrat s'endort à l'audience;
En songe, un homme en place, arrangeant son dédain,
Pour prendre des placets étend encor la main.
En songe, sur la scène, un acteur se déploie;
L'auteur poursuit sa rime, et le chasseur sa proie;
Le grand voit des cordons, l'avare de l'argent,
Et Penthièvre ouvre encor sa main à l'indigent (11).
En songe, un tendre ami revoit l'ami qu'il pleure (12);
Il reconnaît les lieux, il se rappelle l'heure
Où dans des pleurs muets prolongeant ses adieux,
Immobile, long-temps il le suivit des yeux.

Peindrai-je d'un amant le délire et les songes?
C'est pour lui que Morphée est riche en doux mensonges;
D'espérance, d'amour, de désir palpitant,
Il voit l'objet qu'il aime, il l'écoute, il l'entend;
Il croit voir sur sa bouche, où le refus expire,
Mollement se répandre un languissant sourire;
Il croit voir, l'entourant des plus aimables nœuds,
S'étendre et s'arrondir ses bras voluptueux;

Il reçoit ses baisers, ses caresses brûlantes :
Tout son corps a frémi sous ses mains caressantes.
La nuit fait envier ses prestiges au jour,
Et trempe ses pavots du nectar de l'amour (13).

Ainsi, dans ces erreurs, par un charme suprême,
Revit tout ce qui plaît, revit tout ce qu'on aime.
Tels, dans la douce paix des Champs Élysiens,
On peint de ces beaux lieux les heureux citoyens
Idolâtrant encor l'erreur qu'ils ont chérie,
Vaines ombres, qu'amuse une ombre de la vie (14) :
Les uns d'Amour encor suivant les douces lois,
D'autres au son du luth croyant mêler leur voix,
Ceux-ci faisant voler des chars imaginaires,
Et tous, comme ici-bas, heureux par des chimères.

Ne croyez pas pourtant qu'envoyés sans dessein,
Tous les songes ne soient qu'un simulacre vain.
Par eux, déjà le ciel exerce sa justice :
Le rêve du méchant est son premier supplice.
Sous ses lauriers pompeux, dans son alcôve d'or (15)
Des Belges, que son nom fait tressaillir encor,
L'affreux dévastateur, au milieu des nuits sombres,
Des riches égorgés croit voir encor les ombres.
Un songe les lui montre un poignard dans le flanc,
Le poursuit de leurs cris, le couvre de leur sang ;
Leur dépouille l'accuse, en vain son cœur rappelle
La pauvreté paisible : il n'est plus digne d'elle.
Le ciel, pour le punir, lui laisse ses trésors ;
En proie à sa richesse, en proie à ses remords,

Comme un énorme poids son or sur lui retombe,
Et des spectres sanglants l'entraînent dans la tombe.

Oublîrai-je vos dons, rêves consolateurs?
Providence du pauvre, ils charment ses malheurs.
Un songe heureux remplit ses celliers et ses granges
D'abondantes moissons, de fertiles vendanges.
Un songe le fait roi, lui donne des sujets;
Il rêve de trésors, de sceptres, de palais.
Trop court enchantement! trop passager délire!
Le réveil lui ravit sceptre, couronne, empire;
Mais il garde l'espoir, l'espoir, son seul flatteur,
Et les illusions, ces doux rêves du cœur.

Apprenons maintenant quels ressorts invisibles
Réveillent des objets les images sensibles;
Et comment nos pensers, toujours contagieux,
L'un par l'autre avertis, communiquent entre eux.
Telle est de notre esprit la marche involontaire;
Nulle pensée en nous ne languit solitaire;
L'une rappelle l'autre, et grâce aux nœuds secrets
Par qui sont alliés les différents objets,
En images sans fin une image est féconde :
Tel un caillou tombant forme un cercle dans l'onde;
Un autre lui succède, et tous les flots troublés
Étendent jusqu'aux bords leurs cercles redoublés.
Observez les tableaux que notre esprit compose :
Tantôt c'est un effet qui rappelle la cause,
Et la cause tantôt rappelle les effets.
Ainsi le bienfaiteur retrace les bienfaits,

Et le bienfait réveille une image chérie;
Ainsi mes prés, mes bois, chers à ma rêverie,
Me parlent du grand Être; et mes humbles chansons
Disent, comme Virgile : Un Dieu m'a fait ces dons.
Tantôt dans la pensée accourent et s'assemblent
Des objets séparés, dont les traits se ressemblent.
Ce hameau vous a plu! Ne vous peindrait-il pas
Les lieux où votre enfance a fait les premiers pas?
Le trait le plus léger, surpris sur un visage,
De l'être qu'on chérit nous rappelle l'image.
Regardez les transports de ce couple amoureux :
Ils vous peindront les jours où vous fûtes heureux.

Pour varier encor sa brillante peinture,
L'Imagination dans la même nature
Ne choisit pas toujours les traits de ses tableaux;
Pour rajeunir ces traits par des rapports nouveaux,
Dans les mondes divers incessamment errante,
Entre la brute et l'homme, entre l'homme et la plante,
Et la terre et le ciel, et l'esprit et le corps,
Elle cherche et saisit d'ingénieux accords;
Et d'un règne dans l'autre en transporte l'image.
De là l'Allégorie, ornement du langage.
Ce mont jusques au ciel s'élève avec orgueil;
Ces myrtes sont riants, ces cyprès sont en deuil;
Le lis peint la candeur, et l'agneau l'innocence;
Le lion, d'un héros exprime la vaillance.
Une herbe est parasite, un zéphyr indiscret;
Et, si ce tour vieilli peut peindre un jeune objet,

CHANT I.

Grâce à ce teint brillant où la beauté repose,
Églé sera long-temps comparée à la rose.
Voyez nos factions : c'est la fureur des flots :
Nos jours sont un orage, et la France un chaos.
Mais l'histoire surtout, dans ses pages fidèles,
Se plaît à nous offrir ses brillants parallèles :
Notre esprit s'en amuse : il compare, à son choix,
Les succès, les revers, les peuples et les rois,
Les siècles écoulés, et le siècle où nous sommes,
Les grands événements, et surtout les grands hommes.
Il aime à rapprocher Robespierre et Cromwell,
Le poignard de Caton et la flèche de Tell;
Et des derniers Romains si je lis les annales,
Des petits et des grands les discordes fatales,
Le luxe subjuguant ces rois de l'univers,
Les esclaves s'armant des débris de leurs fers;
Les harangues des chefs, leurs sanglants artifices,
L'ambition féroce égorgeant ses complices,
Des registres de morts les tableaux odieux,
L'oubli de tous les droits, né de l'oubli des dieux;
Les riches dépouillés, et la guerre civile
Partageant aux vainqueurs jusqu'aux champs de Virgile,
L'Imagination compare ces tableaux,
Et dans les maux passés croit voir nos propres maux :
Tant des lieux et des temps, prompte à franchir l'espace,
D'un âge dans un autre elle aime à voir la trace!

 Par des effets plus sûrs encore et plus puissants,
Le contraste nous frappe en de contraires sens;

Des termes opposés qu'à nos yeux elle étale,
L'Imagination mesure l'intervalle;
Passe de l'un à l'autre, et l'inconstant désir
Veut changer de tableaux, pour changer de plaisir.
Voyez-vous, sous le ciel de l'ardente Italie (16),
Virgile regretter la fraîche Thessalie ?
Oh! qui le portera sous ces riants berceaux,
Dans ces noires forêts, au bord de ces ruisseaux ?
Des personnes, des lieux, la grandeur éclipsée,
Par l'effet du contraste attache la pensée.
Ainsi contre ces murs, monument de l'orgueil,
Où Rome antique étonne et lasse encor notre œil,
Et qu'abandonne au temps sa fille négligente,
J'aime à voir s'appuyer la cabane indigente.
Que Sylla meure en proie aux insectes hideux (17)
Qui de la pauvreté sont les hôtes honteux,
Je m'étonne et m'écrie : « Est-ce donc là cet homme,
Vainqueur dans Orchomène, et le bourreau de Rome! »
Bélisaire! à ce nom trembla le monde entier (18),
Et son casque tendu sollicite un denier !
J'admire, en gémissant, tant de maux et de gloire,
Et les dons de l'aumône aux mains de la victoire.
Tantôt, pleurant ton sort, descendu de si haut,
O Stuart! je te suis du trône à l'échafaud.
Tantôt, de Marius méditant le naufrage,
Je mêle ses débris aux débris de Carthage;
Et si je ne craignais d'éveiller nos douleurs,
Quels désastres plus grands feraient couler nos pleurs,

Et près de la grandeur montreraient la misère !
Enfin, quand l'art invente ou trace un caractère,
Qui me frappe le plus ? C'est le contraste heureux
D'une âme violente et d'un cœur généreux.
J'admire de sang-froid le sage Idoménée [19],
Et le prudent Ulysse, et le pieux Énée :
Mais qu'on me montre Achille, Achille, âme de feu,
Dont la rage est d'un tigre, et les vertus d'un dieu ;
D'amitié, de fureur, héroïque assemblage,
Sentant profondément le bienfait et l'outrage,
Tonnant dans les combats, ou, la lyre à la main,
Seul, au bord de la mer, consolant son chagrin ;
Pour apaiser Patrocle en sa demeure sombre,
Tourmentant un cadavre et punissant une ombre ;
Et quand Priam d'Hector vient chercher les débris,
Respectant un vieux père et lui rendant son fils :
Ce grand tableau m'étonne, et mon âme tremblante
Frémit tout à la fois de joie et d'épouvante :
Tant, prompt à nous frapper en de contraires sens,
Le contraste sur nous a des effets puissants !
Il étonne, il éveille, il excite notre âme :
De deux cailloux choqués ainsi jaillit la flamme.
Tels, quand deux vents rivaux se disputent les mers,
Les flots, en se heurtant, s'élancent dans les airs.

    Enfin, par le hasard d'un heureux voisinage,
Une image souvent éveille une autre image.
Sans être ressemblants, ni contraires entre eux,
Les objets plus voisins sont plus contagieux ;

Et ce tissu brillant des images de l'âme,
L'esprit, avec plaisir, en suit toute la trame.
Seul, et désoccupé, j'erre dans ce jardin ;
Une rose à mes yeux se présente : soudain
Je rêve à cette fleur : de sa coupe vermeille
Je songe que les sucs alimentent l'abeille ;
Elle en pétrit son miel, en bâtit son palais ;
Une reine y commande, et le gouverne en paix.
Je songe à ces grands noms de roi, de république ;
Je compare, j'oppose à l'essaim monarchique
Ces fourmis, qui, sans arts, sans palais élégants,
Habitent dans un antre, et vivent en brigands.

Quelques états pourtant, avec l'indépendance,
Unirent quelquefois les arts et l'abondance,
Me dis-je ; mais des mœurs l'inflexible fierté,
Et ces fougueux débats chers à la liberté,
Enfantent trop souvent les discordes civiles,
Ensanglantent les champs et dépeuplent les villes.
Moi, je suis pour un chef ; son pouvoir est plus doux :
Mais ce pouvoir heureux n'appartient-il qu'à nous ?
Je tourne vers les cieux ma course vagabonde ;
Là mon œil voit régner le grand flambeau du monde ;
D'un éclat emprunté brillant autour de lui,
Les astres de sa cour lui prêtent leur appui.
De là je redescends sur cette pauvre terre,
Et dis à tous ces fous qui se livrent la guerre
Pour des systèmes vains et de plus vains projets :
« La royauté n'est point le malheur des sujets ;

Elle préside au ciel comme aux lieux où nous sommes,
Et gouverne à la fois les astres et les hommes. »
Ainsi l'esprit voyage; ainsi, rêvant tout bas,
J'arrive d'une fleur au destin des états :
Tant chaque idée entraîne une suite nombreuse!

Voyez ces longs canaux, retraite ténébreuse
Des esprits sulfureux, qui, prêts à s'allumer,
N'attendent que la main qui va les enflammer;
De cet amas dormant de nitre et de bitume
Qu'une étincelle approche, un feu soudain s'allume;
Il court de tube en tube, erre de tous côtés,
Fait éclore, en passant, mille objets enchantés.
C'est un fleuve de feu, c'est un dragon superbe;
Ici tourne un soleil, là s'élance une gerbe,
Des astres inconnus peuplent le firmament :
Une étincelle a fait ce vaste embrasement.

Mais un débat fameux s'élève entre les sages [20] :
Du monde et des objets d'imparfaites images
Ont-elles précédé notre arrivée au jour?
Je sais que dans la nuit de son premier séjour,
De sa tunique épaisse encore enveloppée,
L'enfance des objets ne peut être frappée;
Mais ce sentiment prompt, cet élan des besoins
Qui devance le temps, la culture et les soins,
Veut, compare, choisit, aime, hait, craint, espère;
Qui n'en voit dans l'enfant l'empreinte héréditaire?
Et si, dès qu'ils sont nés, déjà des animaux
L'instinct intelligent choisit les végétaux;

Si le chien montagnard hérite de sa race
L'adresse paternelle aussi-bien que l'audace;
Si l'oiseau de son œuf sait briser la prison;
Si, de ses murs de cire élevant la cloison,
L'abeille géomètre a su par elle-même,
Dans ses angles savants, résoudre un grand problème;
A l'aspect d'un point noir, si la poule à grands cris
Sous son aile inquiète assemble ses petits;
Si, quand le tigre au loin poursuit sa course errante,
Le buffle, sans le voir, se roule d'épouvante;
Si l'instinct est si prompt et si sûr dans ses lois [21],
La sublime raison a-t-elle moins de droits?
Je sais que de l'instinct notre raison diffère :
L'une agit librement, l'autre est involontaire;
L'instinct veut deviner, la raison veut savoir;
L'un sait mieux pressentir, et l'autre mieux prévoir;
L'une luit par degrés, l'autre soudain s'enflamme;
L'un est l'éclair des sens, l'autre le jour de l'âme;
Enfin, quand la raison hésite et flotte encor,
Souvent l'instinct rapide a déjà pris l'essor.

   N'allons pas toutefois, calomniant l'enfance,
De la raison tardive accuser l'indolence;
Voyez comme l'enfant, avide des objets,
Les saisit, les dévore, et, tel que d'anciens traits
Aux approches du feu renaissent sur la cire,
Semble se souvenir bien plutôt que s'instruire.
De là ce mot fameux qu'un sage a publié [22] :
« L'homme n'ignorait pas : il n'avait qu'oublié. »

CHANT I.

Et si ce doux produit de l'homme et de la femme
Est l'extrait le plus pur de leurs sens, de leur âme,
Pourquoi n'auraient-ils pas déposé dans son sein
Du tableau de la vie un informe dessin ?
Je sais que les leçons, l'âge, l'expérience,
De leurs impressions marquant la molle enfance,
A ce premier cachet et des sens et du cœur
Viennent joindre leurs traits : mais si cette liqueur
Qui coule du pressoir dans la cuve fumante
Fermente tous les ans quand la vigne fermente,
Et, loin du sol natal, de la vigne et du ciel,
Répond dans sa prison à l'arbre paternel,
De ces traits primitifs, qu'aucun pouvoir n'efface,
Croirai-je que l'enfant ne garde pas la trace ?
Je ne citerai point ces taches, ces couleurs,
Ces signes d'animaux, et de fruits, et de fleurs,
Dont, suivant nos aïeux, amoureux de prodiges,
La mère à son enfant imprime les vestiges.
Et qui peut en douter ? Des auteurs de nos jours
Les plaisirs, les douleurs, les haines, les amours,
Déjà, dans son obscure et vivante retraite,
L'enfant en a senti l'impression secrète.
Prête à le mettre au jour, la mère de Stuart (23)
Voit son amant tomber sous vingt coups de poignard ;
Et, tremblant d'un fer nu, roi pédant et frivole,
Son fils livre la guerre aux docteurs de l'école,
Et le savant dilemme, et les doctes débats,
Furent son arme unique et ses plus grands combats.

Mais jusqu'où de l'esprit s'étendra la culture ?
Jusqu'où doit le savoir féconder la nature ?
Les Muses aiment peu de longs raisonnements :
Un récit dira plus que de froids arguments.

 Au sein de cette mer qu'on nomme Pacifique (24),
L'île de Péliou lève son front antique.
Chef-d'œuvre de l'instinct, phénomène des lois,
Simple, mais non grossier, étranger à la fois
Aux vices élégants, aux barbares usages
Des peuples policés et des hordes sauvages,
Son peuple heureux ignore et cette urbanité
Qui trahit avec grâce, et la férocité
Qui rapporte en chantant, dans ses mains triomphantes,
Du crâne des vaincus les dépouilles sanglantes.
Son doux repos n'est point un stérile loisir :
A côté du travail il trouve le plaisir.
Le chef donne l'exemple en son palais de chaume,
Et quand il a dicté des lois à son royaume,
Il revient à l'ouvrage. Aucun ne sait mieux l'art
D'emmancher la cognée et d'emplumer un dard.
Les poissons de leurs eaux et les fruits de leur terre,
Voilà leurs simples mets : aussi l'affreuse guerre
Trouble bien rarement et leurs champs et leurs jours :
C'est pour le superflu que l'on combat toujours
Être justes et bons fait leur plus douce gloire.
Et quand des nations la désolante histoire
Nous a peint leurs malheurs, leurs combats, leurs forfaits,
Le lecteur fatigué, pour reposer en paix,

Se plait à rencontrer ce peuple débonnaire,
Semblable à la tribu que nous a peinte Homère,
Qui de simple laitage, et de fruits, et de miel,
Vivait au bout du monde, et que le roi du ciel
Contemplait quelquefois de son trône sublime,
Pour délasser ses yeux des spectacles du crime.

   Un vaisseau qu'Albion vit sortir de ses ports (25),
Heureux dans son naufrage, échoua sur ces bords;
Là n'éclatèrent point ces cris affreux de joie
De brigands affamés qui fondent sur leur proie;
Ce peuple hospitalier accueillit leurs malheurs,
Leur donna des secours, un asile et des pleurs.
En voyant tant d'honneur, de bonté, de franchise,
Des fiers Européens quelle fut la surprise!
« Ah! si l'homme est heureux avec si peu d'efforts,
A quoi bon tous nos arts? à quoi bon nos trésors? »
Disaient-ils. Mais de ceux qu'y poussa le naufrage,
Nul d'un œil si charmé ne vit ce beau rivage,
Qu'un jeune homme doux, simple en ses mœurs, en ses traits,
Que le ciel pour ces lieux sembla former exprès.
Nul dans les jeux du corps n'égalait son adresse;
Ses pieds légers du cerf défiaient la vitesse;
Son corps à la beauté, ce trop fragile don,
Joignait des mouvements le facile abandon;
Plutôt bon que poli, moins empressé que tendre,
Son âme d'un coup d'œil savait se faire entendre :
Tous ses goûts étaient purs; au luxe des cités
Il préférait des champs les naïves beautés.

Né dans le sein des arts, il aimait la nature,
La seule propreté composait sa parure ;
Nul ne vit ses cheveux, aussi libres que l'air,
Par la poudre blanchis, ou tordus par le fer ;
Quelquefois seulement leurs touffes vagabondes
Du jais le plus luisant se teignaient dans les ondes ;
Son esprit cultivé négligeait ses trésors.
En vain de l'harmonie il apprit les accords ;
Il n'aimait d'autres airs que ceux qu'à ses compagnes
Redit sur son hautbois le berger des montagnes,
Ou du barde écossais les sons majestueux ;
Et pour peindre, en un mot, cet enfant vertueux,
Le Centaure autrefois l'eût voulu pour Achille,
Mentor pour **Télémaque**, et Rousseau pour Émile.
Aussi son œil à peine a vu ces beaux climats,
Ce peuple simple et doux, son cœur n'hésite pas ;
Il adopte ces lieux ; et son âme attendrie
Pour la première fois croit trouver sa patrie.
Pour ajouter encore à son enchantement,
A ses yeux enivrés s'offre un objet charmant.
Son nom était Zoé : de sa taille élégante
Le jonc n'égale pas la souplesse ondoyante ;
Son port, son air, ses traits semblaient faits pour l'amour ;
Ses yeux tantôt lançaient les feux ardents du jour,
Et tantôt se voilant de leur longue paupière,
Du doux astre des nuits imitaient la lumière.
Qu'importe la couleur au jeune homme amoureux ?
Le cœur dément bientôt le jugement des yeux ;

Et quand il la pressait sur son cœur idolâtre,
On croyait voir l'ébène à côté de l'albâtre.
Dans le ravissement de ses nouveaux destins [26],
Adieu l'Europe, adieu ses arts et ses festins!
Tel un jeune coursier, fait pour l'indépendance,
De sa belle prison dédaignant l'abondance,
Rompt ses liens, s'échappe, et, perdu dans les champs,
Écoute en liberté ses sauvages penchants;
Suit sa compagne aux champs, la suit à la pâture,
Et possède, à son gré, le ciel et la nature.

 Dans le temps que Walter, par un charme secret,
Se rend à son instinct, et suit son doux attrait,
Des arts européens, de leurs brillants prestiges,
Boo, fils du monarque, admirait les prodiges;
Un jour nouveau pour lui vint luire à ses regards:
Le ciel même semblait l'avoir fait pour les arts.
L'esquif et le canot, la rapide nacelle,
Avaient pris sous ses mains une forme nouvelle.
Nul plus adroitement ne tressait les roseaux,
Ne cultivait la terre, et ne fendait les eaux;
Et dans les arts bornés connus dans sa patrie
Chaque jour signalait son heureuse industrie.
Aussi de ce vaisseau, dont les débris épars,
Tout fracassé qu'il est, étonnent ses regards,
Il va voir chaque jour l'étonnant artifice;
Il en voit à loisir réparer l'édifice:
Il dévore des yeux tout ce savant amas
D'ancres, de gouvernails, de voiles et de mâts;

Il veut partir; il veut, loin de ces bords sauvages,
Des peuples policés recueillir les usages.
Tel l'arbre montagnard, dont le sommet mouvant
Ne boit que la rosée et n'obéit qu'au vent,
S'en va dans les jardins, oubliant la nature,
Implorer l'arrosoir et subir la culture.
En vain les yeux en pleurs, la douleur dans le sein (27),
Son père en cheveux blancs s'oppose à son dessein.
« O mon fils! disait-il, quelle ardeur téméraire
Te fait chercher si loin une terre étrangère?
Où t'emporte l'amour d'un dangereux honneur?
Que peut-on regretter, quand on a le bonheur?
De quoi nous serviront ces arts d'un autre monde?
Rendront-ils de nos mers la pêche plus féconde?
Un ciel plus bienfaisant brillera-t-il pour nous?
L'air que nous respirons en sera-t-il plus doux?
Nos fruits plus savoureux, l'onde plus salutaire?
En aimeras-tu mieux ton pays et ton père?
Voilà les vrais trésors; veux-tu, par leurs effets,
De ces arts si vantés connaître les bienfaits?
Regarde ces débris épars sur ce rivage.
Que dis-je! ah! loin de moi ce funeste présage!
Quel est, si je te perds, l'espoir de mes vieux ans?
Abjure, mon cher fils, ces projets imprudents,
Et, si tu n'en crois pas mes secrètes alarmes,
Écoute mes sanglots, et vois couler mes larmes. »
    Inutile discours! le vaisseau réparé,
Du port qui l'arrêtait à sortir préparé,

Attendait le signal, et déjà de ses voiles
Une haleine propice avait gonflé les toiles.
Au rivage fatal le vieillard suit son fils,
Et le fixant long-temps de ses yeux attendris
« Eh bien ! va, pars ; je cède à ton impatience ;
Mais que je vais souffrir, dans ta cruelle absence !
Ce fil, de qui les nœuds nous mesurent les jours (28),
Dans mes tremblantes mains je le tiendrai toujours.
Tous les jours je vais croire, au gré de mon envie,
En ôtant à ces nœuds ajouter à ma vie.
Et toi, bonté du ciel, si je dois le revoir (29),
Si les vents, si les flots secondent mon espoir,
S'il doit remplir les vœux d'un père qui l'adore,
Si son cœur sur mon sein doit palpiter encore,
Ah ! prolonge mes jours, il n'est point de tourment
Qui ne cède à l'espoir de cet embrassement.
Mais au bord du tombeau s'il faut que je le pleure
O ciel ! fais-moi mourir, fais-moi mourir sur l'heure,
Et qu'enfin, prévenant un plus funeste sort,
Je meure de ma crainte, et non pas de sa mort ! »

Il dit ; et le cœur plein d'espérance et d'alarmes,
A ces derniers adieux joint un torrent de larmes.
On l'entoure, on l'emporte, et ses pleurs et ses cris
A son palais encor redemandent son fils.

A peine cependant le jeune et fier sauvage
De la riche Albion a touché le rivage,
Dieux ! quels furent sa joie et son ravissement !
Tout était nouveauté, prodige, enchantement.

Tout ce nombreux concours des villes opulentes,
Les coursiers attelés à des maisons roulantes,
Les pompes de la scène, et l'orgueil des palais,
Les glaces répétant et doublant les objets,
Les ports, les arsenaux, le sénat, les lycées,
Tout payait un tribut à ses jeunes pensées,
Tout formait son esprit. Tel l'onyx brut encor,
Dont la terre a long-temps recélé le trésor,
Perd sous les mains de l'art son écorce grossière,
Et de son sein poli réfléchit la lumière.
Son bonheur fut entier jusqu'au funeste jour
Où la jeune Willis lui fit sentir l'amour.
Plus que d'un sentiment, avide d'un hommage,
La coquette Willis était vaine et volage :
Willis ne connut point cette discrète ardeur
D'une amante sans art, qui des plaisirs du cœur,
Se pénètre en secret, et ne veut de sa flamme
Pour juge que l'Amour, pour témoin que son âme.
L'éclat seul l'attirait, et son orgueil charmé
Aimerait moins Boo, s'il était moins aimé.
Aussi quand il fallut quitter ce grand théâtre,
Ces pompes, ces vains bruits que son cœur idolâtre,
Un injuste dégoût refroidit son ardeur :
Boo le ressentit jusques au fond du cœur ;
Le chagrin destructeur s'alluma dans ses veines :
Ainsi que les plaisirs, il ressentait les peines.
Alors ses premiers jours et ses premiers plaisirs,
Ses innocents travaux et ses heureux loisirs,

CHANT I.

Désabusant son cœur d'un vain rêve de gloire,
Revinrent à la fois assiéger sa mémoire.

    Pour combler ses tourments, un écrit de Walter,
Qui par un vent propice avait franchi la mer,
Lui contait son bonheur, sa douce destinée,
Ses amours et les fruits d'un heureux hyménée.
Alors le cœur en proie au regret dévorant,
« O trop heureux Walter! disait-il en pleurant,
Qu'au malheureux Boo ton sort doit faire envie!
Hélas! ainsi que moi tu changeas de patrie;
Mais tu jouis en paix de tes tendres amours,
Et l'infidélité n'a point troublé tes jours;
Mais à ton cœur constant répond une âme pure;
Et moi, triste jouet d'une femme parjure,
Je porte au fond du cœur un trait empoisonné!
Que n'ais-je su, paisible aux lieux où je suis né,
Auprès de mes amis, de mes noires compagnes,
Des princes mes aïeux cultiver les campagnes!
Et toi dont j'aurais dû mieux suivre les avis,
Ah! si, comme autrefois tu l'as dit à ton fils,
La douce sympathie, en dépit de l'absence,
Nous fait de ceux qu'on aime éprouver la souffrance,
O mon père, combien tu dois verser de pleurs!
Mais hélas! c'en est fait : je succombe, je meurs;
Je meurs dans les beaux jours de mon adolescence;
Je meurs loin des beaux lieux si chers à mon enfance!
O champs de mon pays! ô fortuné séjour!
Qu'habitent le travail, l'innocence et l'amour;

Fleuves majestueux, délicieux rivage,
Mers que mes jeunes bras traversaient à la nage,
Bananiers dont j'aimais les ombrages touffus,
Arbres que jai plantés, je ne vous verrai plus !
Je ne porterai pas au sein de ma patrie
Ces merveilles des arts, ces fruits de l'industrie.
Consolez-vous : ces arts ne font pas le bonheur.
Et vous, ô mes amis ! si des marques d'honneur
Peuvent toucher les morts sur le rivage sombre,
Du malheureux Boo ne dédaignez pas l'ombre.
Que mon nom soit encor répété parmi vous,
Et dites en pleurant : Boo mourut pour nous. »

Il dit ; et l'œil tourné vers la carte chérie (30)
Où l'art ingénieux lui traçait sa patrie,
Tantôt vers ces écrits, monuments de nos arts,
Tournant languissamment ses douloureux regards,
Il expire en sa fleur : ainsi la jeune abeille
Qui butinait le thym et la rose vermeille,
Prête de déposer dans ses foyers chéris
L'extrait de la rosée, et des fleurs et des fruits,
Succombe sous le poids de sa moisson nouvelle,
Et regrette, en mourant, la ruche maternelle.
O Walter ! ô Boo ! noms chéris et sacrés,
Vainement par le sort vous fûtes séparés :
Tant que les bois verront renaître le feuillage,
Tant que de l'art des vers l'ingénieux langage
De sons harmonieux charmera l'univers,
Ainsi que dans nos cœurs, vous vivrez dans mes vers.

CHANT I.

De vos sorts différents que dois-je enfin conclure?
Qu'il faut du haut des arts descendre à la nature?
Non : leurs amusements, quand les mœurs ne sont plus,
Calment les passions, nourrissent les vertus ;
Laissons jouir des arts celui qui les possède :
S'ils ont fait quelques maux, ils en sont le remède (31);
Et moi-même bientôt, leur consacrant ma voix,
Je peindrai leurs plaisirs et dicterai leurs lois.

NOTES
DU CHANT PREMIER.

Écrire sur l'Imagination, c'est peindre en peinture, a dit M. de Boufflers ; et il faut que ce peintre se peigne lui-même. Mais quel peintre ! celui de l'univers, de l'infini, qui anime, qui élève la nature en y joignant l'idéal. Tout ce qu'on voit, tout ce qu'on sent, tout ce qu'on pense, tout ce qu'on rêve, entrait nécessairement dans cet immense tableau : il fallait fixer la mobilité, saisir ce qui est plus prompt que l'éclair ; enchaîner ce qu'il y a en nous de plus indépendant de nous-mêmes.

« La richesse toujours croissante du sujet, a dit encore M. de Boufflers dans un commencement de notes qu'il avait entreprises, mourant, sur le poëme de l'*Imagination*, la richesse toujours croissante du sujet, qui semble s'agrandir à mesure qu'on le médite, convenait d'autant mieux au génie rapide et au caractère envahisseur de notre poëte, qu'il était sûr d'en voir toujours la fleur et jamais la fin ; et si, par une faveur que si peu de rivaux auraient mérité de partager, il lui avait été accordé cent ans pour ce beau travail, au bout des cent ans il se serait trouvé du travail préparé pour plus de mille. Le monde entier n'est qu'un atome, dans le système de l'imagination. »

On ne peut assez admirer avec quel art et quelle sagesse Delille a distingué, classé, et groupé les différentes masses d'idées qui semblaient devoir embarrasser sa marche dans ce chaos spirituel et ce labyrinthe moral. On l'a souvent chicané sur ses plans; mais il est remarquable que celui de ses ouvrages dont le plan semble le plus méthodique soit précisément celui où le plan paraissait le plus difficile. Il examine, il définit, il anatomise d'abord l'imagination; il la peint en elle-même, puis dans ses impressions, ensuite dans ses effets, ses productions et ses ouvrages. De là il passe à son influence sur le bonheur particulier et public, sur la morale et la politique; enfin la religion, qu'on peut regarder comme l'apothéose de son sujet, couronne ce divin poëme.

Le sujet de ce poëme, comme on le voit par les titres des huit chants qui le composent, embrasse à la fois les opérations les plus délicates de l'esprit, les mystères de la mémoire, les secrets du cœur et des passions, et l'empire que les merveilles de la nature, les prodiges des arts, et surtout les cultes religieux, exercent sur l'imagination. Delille porte toujours sans effort et sans contrainte le joug de la versification; son talent est aussi riche, aussi fécond, aussi varié que les sujets qu'il traite; et son style est en général trop pur et trop élégant pour avoir besoin d'être commenté. Lorsqu'un grave philosophe s'avisa de clouer des remarques aux pièces fugitives de Voltaire, M. de Rivarol le compara plaisamment à un commis de la douane, qui attache des plombs aux gazes d'Italie. Nous tâcherons de ne pas oublier cette comparaison. Cependant les idées métaphysiques, que Delille exprime avec une heureuse précision, peuvent avoir besoin de développements : tous les lecteurs n'auront pas présents à leur pensée les faits historiques, les monuments, les anecdotes, les voyages qu'il rappelle ; et, sans vouloir prévenir le jugement du public sur le fond de l'ouvrage, on a cru devoir indiquer dans les détails quelques ressemblances, quelques rapprochements avec les anciens, et quelques vers imités du grand poëte dont Delille est parmi nous l'interprète, et pour ainsi dire l'élève et le rival. Tel est l'unique objet de ces notes. Elles seraient plus intéressantes, si l'auteur du poëme, aveugle comme Homère et Milton, avait pu se charger lui-même de ces recherches. L'amitié qui le supplée ne saurait le remplacer ; elle doit s'interdire l'honneur de parler en son nom, et répondre seule des erreurs qu'on trouvera dans ces notes, si la critique ne dédaigne point de s'en occuper.

(¹) Mais heureux, après lui, l'ami de la sagesse
Qui, disciple de Pope, élève de Lucrèce,
Sans masque, sans cothurne et sans illusion,
D'un style simple et vrai fait parler la raison !

Lucrèce et Pope ont fondé leur réputation sur des poëmes qui ne sont ni épiques, ni dramatiques, ni purement didactiques. Ils ont intéressé sans action et sans caractères ; ils ont instruit sans se borner à des préceptes particuliers. Homère, Sophocle, Pindare, avaient laissé de grands modèles qui ont fait d'illustres imitateurs. Lucrèce et Pope ont ambitionné des succès différents. Faut-il les condamner, et avec eux Ovide, Hésiode, Thompson, le fils du grand Racine, Saint-Lambert, tant d'autres poëtes illustres chez les anciens et chez les modernes, sous prétexte qu'ils ont écrit dans un genre dont le caractère est plus vague et les bornes plus incertaines ? Ce genre a été vivement attaqué ; mais peut-être a-t-on affecté de confondre avec l'emploi judicieux l'abus trop facile du genre ; et, dans cette dernière supposition, il ne serait pas moins injuste d'imputer à la poésie pittoresque et philosophique certains ouvrages en vers et en prose, gonflés de descriptions et d'ennui, qu'il le serait d'accuser l'art dramatique des tragédies de Pradon et de ses successeurs. Aussi cette question sur le mérite des genres n'en est pas une pour ceux qui aiment véritablement la poésie. Delille, dont les ouvrages suffiraient pour la résoudre, ne conteste point la prééminence de Melpomène et de Thalie; mais il réclame une place honorable pour une muse plus modeste, et nous croyons qu'elle n'a besoin pour l'obtenir que de montrer les titres qu'elle tient de lui.

(1) Mais le toucher, grands dieux ! j'en atteste Lucrèce,
Le toucher, roi des sens, les surpasse en richesse.

Il est reconnu que le tact ou le *toucher* est le

plus sûr de tous les sens. C'est lui qui rectifie tous les autres, dont les effets ne seraient souvent que des illusions, s'il ne venait à leur secours : c'est en conséquence le dernier retranchement de l'incrédulité. Il ajoute à cet avantage celui d'être la sensation la plus générale. L'homme ne voit et n'entend que par une petite partie de son corps; mais partout où se trouvent des nerfs et de la vie, il éprouve plus ou moins la sensation du toucher. Quoique les doigts de la main soient l'organe le plus naturel du tact, son action se fait sentir par les organes de tous les autres sens; et c'est dans cette acception que l'auteur de ce poëme a dit plus bas :

Ou plutôt tous les sens sont le toucher lui-même.

La vue est celui que le toucher supplée le plus imparfaitement. Il va quelquefois jusqu'à juger les distances, comme Descartes l'a observé le premier; mais il ne faut pas croire, bien qu'on ait osé le dire avec un air de confiance, que l'art et la finesse du tact puissent jamais s'étendre jusqu'au discernement des couleurs. Aldrovandi rapporte qu'un sculpteur assez habile, étant devenu aveugle à l'âge de vingt ans, voulut, après dix années de repos, essayer ce qu'il pourrait produire encore dans son art, et qu'il fit à Rome une statue en plâtre qui ressemblait parfaitement au pape Urbain VIII. Mais ce fait ne prouve que la puissance de l'imagination et de la mémoire. Qui l'a mieux connu, qui l'a plus éprouvé que Delille lui-même? Réduit dans les dernières années de sa vie à un état presque complet de cécité, tous ceux qui l'ont connu à cette époque savent et peuvent attester avec quelle supériorité il suppléait par l'organe du toucher au sens de la vue.

(³) Ainsi tout se répond; et, doublant leurs plaisirs,
Tous les sens l'un de l'autre éveillent les désirs.

L'auteur de l'*Histoire naturelle de l'homme* explique cette correspondance secrète des sens par la disposition des nerfs, qui forment le jeu de toutes les parties et l'action de tous les membres. Ce sont eux, dit-il, qui sont l'organe immédiat du sentiment, qui se diversifie, et change pour ainsi dire de nature, suivant leur différente disposition; en sorte que, selon leur nombre, leur finesse, leur arrangement, leur qualité, ils portent à l'âme différentes manières de *sentir*, qu'on a distinguées par le nom de *sensations* : on dirait qu'elles n'ont rien de semblable, et cependant elles ont entre elles une correspondance continuelle et rapide. Mais puisque tous les sens ont un principe commun, et ne sont que des membranes nerveuses, différemment étendues, disposées et placées; puisque les nerfs sont l'organe général du sentiment, et peuvent seuls l'exciter dans toutes les parties du corps humain; enfin puisque les sens ne sont que des formes variées de la même substance, ou des nerfs différemment ordonnés et disposés, il n'est pas étonnant que les sensations qui en résultent ne soient pas entre elles aussi diffétentes qu'elles le paraissent, et qu'elles aient une communication réciproque, qui, pour être invisible, n'en est pas moins réelle et constante.

Il me semble qu'avant de chanter la puissance de l'imagination, le poëte a eu raison de nous développer le mécanisme des sens, qui exercent tant d'influence sur elle. Les sens en effet sont les intermédiaires du commerce de l'homme avec le reste de l'univers. Ce commerce, dit M. le chevalier de Jaucourt, se fait toujours par une matière qui affecte quelque organe : « Depuis le toucher jusqu'à la vue, cette matière est de plus en plus subtile, de plus en plus répandue loin de nous, et par là de plus en plus capable d'étendre les bornes de notre commerce. Des corps, des liqueurs, des vapeurs, de l'air, de la lumière, voilà la gradation de ses correspondances; et les sens par lesquels elles se font sont nos interprètes, et pour ainsi dire nos gazetiers : plus leurs nouvelles viennent de loin, plus il faut s'en défier. Le toucher, qui est le plus borné des sens, est aussi le plus sûr de tous : le goût et l'odorat le sont encore assez; mais l'ouïe commence à nous tromper très-souvent. Pour la vue, elle est sujette à tant d'erreurs, que l'industrie des hommes, qui sait tirer avantage de tout, en a composé un art d'en imposer aux yeux : art admirable, et poussé si loin par les peintres, que nous y aurions peut-être perdu à avoir des sens moins trompeurs. » (*Encyclopédie*, art. SENS.)

Le poète, qui consacre un chant tout entier

aux effets de l'imagination dans les beaux-arts, a dû commencer par nous avertir de l'action des sens, qui est à la fois si puissante sur les arts et sur l'imagination.

(4) Enfin, dans le cerveau si l'image est tracée,
Comment peut dans un corps s'imprimer la pensée ?
Là finit ton savoir, mortel audacieux !

Quels que soient les progrès qu'a faits depuis un siècle l'art du raisonnement et de l'analyse, les philosophes modernes ont répandu si peu de lumières sur certaines questions métaphysiques, qu'on peut souvent appliquer à la mémoire ce qu'ils disent de l'imagination, et à l'imagination ce qu'ils disent de la mémoire. Il est difficile de marquer le point qui sépare ces deux facultés de l'âme, qui ont tant de rapport. L'auteur de ce poëme paraît adopter l'opinion de quelques métaphysiciens, qui prétendent que chaque perception laisse dans l'âme une image d'elle-même, à peu près comme un cachet laisse sur la cire une empreinte presque ineffaçable.

Comment ressemble-t-elle (la mémoire) à la cire vieillie,
Qui, fidèle au cachet qu'elle admit autrefois,
Refuse une autre empreinte, et résiste à mes doigts ?

Mais qu'est-ce que l'image d'une perception qui ne serait pas la perception elle-même ? N'a-t-on pas pris pour la perception de l'objet quelques circonstances ou quelque idée générale qui en effet la réveillent ? L'imagination, la mémoire, et la réminiscence, trois choses que l'on confond assez ordinairement, ont chacune un caractère particulier. La première réveille les perceptions mêmes; la seconde n'en rappelle que les signes et les circonstances; la dernière fait reconnaître celles qu'on a déjà eues. Les perceptions que l'homme peut réveiller sont le domaine de l'imagination; celles dont il ne peut rappeler que les signes appartiennent à la mémoire; et c'est là, suivant les métaphysiciens les plus éclairés, ce qui fait connaître les bornes posées entre la mémoire et l'imagination.

Quant à ces vaines disputes sur le siége de la mémoire, que les uns placent dans le cerveau, qu'une femme sensible a mis dans le cœur, et que certains philosophes répandent dans toutes les parties du corps humain, en regardant la mémoire comme le résultat des impressions que laissent en nous les sensations du goût, du son, de l'odeur, de la couleur et de la lumière; au lieu de chercher à résoudre ces questions, aussi profondément obscures que parfaitement inutiles, il faut s'écrier avec l'auteur de ce poëme :

Là finit ton savoir, mortel audacieux!

C'est la meilleure réponse qu'on puisse faire en poésie, et même en métaphysique, à ces Lycophrons modernes, dont les systèmes et les raisonnements inintelligibles ont presque toujours pour but d'entraîner au matérialisme les esprits faibles et les cœurs gâtés, et qui ont pour alliés naturels dans cette entreprise tous les penchants vicieux de l'homme, et tous les souvenirs qui ressemblent aux remords.

(5) Voyez ce tendre cœur qui, prompt à s'enflammer,
Vit l'enfer dans une âme incapable d'aimer.

On connaît la belle expression de sainte Thérèse en parlant du démon : *Ce malheureux qui ne saurait aimer!* Il semble qu'il n'a pas été donné au cœur de l'homme de porter plus loin que sainte Thérèse le sentiment de l'amour divin. Chacun sait qu'étant née d'une famille considérable par sa fortune et par sa noblesse, elle préféra les austérités du cloître aux délices du monde qu'elle avait bien connues, et qu'elle vécut quarante-sept ans dans les monastères du Carmel, qu'elle eut la gloire de réformer. *Souffrir ou mourir*, c'était le cri de cette âme passionnée, en s'élevant vers le Dieu des pauvres et des malheureux. Elle a laissé des ouvrages où l'agrément et la pureté du style ne sont pas inférieurs à l'énergie et à la profondeur des sentiments. Ils ont été traduits en français par Arnaud d'Andilly, celui dont Balzac a dit *qu'il ne rougissait point des vertus chrétiennes, et ne tirait point vanité des vertus morales.* Il était l'aîné des trois frères Arnaud, si célèbres dans l'histoire de Port-Royal et de l'Église française.

(6) Elle succombe au Dieu dont elle est consumée.

Il était impossible de peindre avec plus de vérité à la fois et d'énergie cet état d'une âme entièrement absordée dans la contemplation de son Dieu, anéantie en sa présence par l'excès même de son amour. Cette extase vraiment sublime n'a rien de commun avec les erreurs et les folies systématiques du quiétisme, auxquelles on a fait beaucoup trop d'honneur en les condamnant comme hérésie : peut-être eût-il fallu se borner à les traiter comme maladie de l'esprit.

(7) Ainsi, dans un amas de tissus précieux
Quand Bertin fait briller son goût industrieux,
L'étoffe obéissante en cent formes se joue...

Les réputations établies sur la mode sont, comme elle, frivoles et éphémères; celle que les vers de Delille feront à mademoiselle Bertin durera sans doute davantage. Les poëtes anciens ont quelquefois daigné consacrer le souvenir d'une marchande fameuse et d'un artiste agréable : il ne conviendrait pas aux Français d'être plus sévères. Pourquoi d'ailleurs les arts du luxe, ceux mêmes de la frivolité, n'obtiendraient-ils pas, comme les autres, leur portion d'éloge et d'encouragement ? Ne sont-ils pas, comme eux, une branche d'industrie, et l'une des sources de la prospérité des états ?

(8) Sur l'aimable Vaudchamp va s'embellir encore.

Le poëte désigne mademoiselle Vaudchamp, depuis madame Delille.

(9) . . . . Et n'émigrer jamais !

On aime à retrouver la belle âme, l'excellent caractère de Delille, dans ce vœu formé par le poëte *émigré* en faveur des *régénérateurs* fameux qui l'avaient forcé à s'exiler de sa patrie. Quel écrivain cependant s'est élevé avec une audace plus courageuse contre les erreurs et les crimes de cette douloureuse époque ? mais il ne pouvait s'empêcher de plaindre, en les condamnant, les coupables instruments de cette sanglante et chimérique régénération.

(10) . . . . En songe, un orateur, etc.

Tout ce morceau est évidemment emprunté de Lucrèce, liv. IV, v. 963 et suiv.

Causidici causas agere, et componere leges (videntur),
Induperatores pugnare, ac prælia obire;
Nautæ contractum cum ventis cernere bellum;
Nos agere hoc autem et naturam quærere rerum, etc.

En songe, l'orateur combat son adversaire;
L'ambitieux guerrier affronte le trépas;
Le pilote s'égare aux plus lointains climats;
Et moi-même, séduit par un noble délire,
Dans les bras du sommeil je touche encor ma lyre :
Je sonde la nature, elle inspire mes vers;
Et de ses grands secrets j'étonne l'univers.

PONGERVILLE.

(11) Et Penthièvre ouvre encor sa main à l'indigent.

Les muses devaient un hommage à la mémoire de ce prince généreux, qui fut le père des pauvres et le bienfaiteur de Florian. Une lâche politique ne leur défend plus de louer sa douceur inaltérable, sa piété, sa modestie au milieu des pompes de son rang, sa patience et sa résignation dans les infortunes de sa famille et de son pays. Il fallait que le charme de ses vertus fût bien touchant, puisqu'il adoucit jusqu'aux assassins révolutionnaires, et qu'à cette époque funeste, où l'opulence et la noblesse étaient des arrêts de mort pour tant de victimes, le duc de Penthièvre fut absous du double crime de sa fortune et de son nom.

(12) En songe, un tendre ami revoit l'ami qu'il pleure.

Lucréce, liv. IV, v. 764 :

Usque adeo, certe ut videamur cernere eum, quem
Reddita vitaï jam mors, et terra potita est.

Ainsi l'homme abusé croit revoir, croit entendre
Les amis dont la tombe a recueilli la cendre.

(13) Et trempe ses pavots du nectar de l'Amour.

Lucrèce, même liv., v. 1054 :

Nam si abest, quod ames, præsto simulacra tamen sunt
Illius, et nomen dulce obversatur ad aures.

De quels brûlants désirs l'amant est dévoré !
Le fantôme charmant de l'objet adoré
Le suit pendant le jour, dans l'ombre le réveille,
Et le nom qu'il chérit assiège son oreille.

Tout ce morceau des songes est admirable dans Lucrèce, faible et commun dans Pétrone, qui l'a trop servilement imité. Delille en a pris ce qu'il y avait de mieux, et l'a encore embelli.

(14) Vaines ombres, qu'amuse une ombre de la vie.

Ce passage rappelle l'endroit de l'*Énéide*, liv. VI, v. 654, où Virgile représente les ombres des guerriers illustres se livrant, dans les Champs-Élysées, aux exercices qui avaient fait sur la terre le charme et l'occupation de leurs jours.

> Quæ gratia curruum.
> Armorumque fuit vivis, quæ cura nitentes
> Pascere equos, eadem sequitur tellure repostos.

> Des armes et des chars le noble amusement
> A suivi ces guerriers sur cet heureux rivage,
> Et de la vie encore ils embrassent l'image.

Une erreur, long-temps accréditée sur la foi de Voltaire et de Marmontel, attribuait à Scarron cette parodie assez plaisante des vers de Virgile :

> J'aperçus l'ombre d'un cocher,
> Qui, tenant l'ombre d'une brosse,
> Nettoyait l'ombre d'un carrosse.

Ces vers ne sont point de Scarron, mais de Charles Perrault, qui, de société avec deux de ses frères, le médecin et le docteur de Sorbonne, s'était amusé à traduire sur ce ton, et dans ce style, le sixième livre de l'*Énéide*. (Voyez la *Biographie universelle*, tom. xxxiii, pag. 411.)

(15) Sous ses lambris pompeux, dans son alcôve d'or,
Des Belges, que son nom fait tressaillir encor,
L'affreux dévastateur, au milieu des nuits sombres,
Des riches égorgés croit voir encor les ombres.

Nous pensons que l'auteur désigne ici le duc d'Albe, qui se vantait d'avoir livré dix-huit mille victimes au bourreau pendant une administration de six ans, mais dont malheureusement l'histoire ne constate pas les remords (*). L'auteur d'une note insérée dans plusieurs éditions précédentes avait

(*) Voyez son article dans la *Biographie universelle*, t. I, p. 389, chez L. G. Michaud, place des Victoires, n° 3.

présumé que ces vers s'appliquaient « aux procon-
» suls insolents... qui foulèrent aux pieds les peu-
» ples de la Belgique en 1793 et 1794, et se gor-
» gèrent d'or et de sang. » Nous ne partageons pas
cette opinion : Danton et Lacroix n'ont point joui
tranquillement du prix de leurs forfaits; ils les ont
expiés sur l'échafaud, et peut-être, en se gorgeant
d'or dans les Pays-Bas, y ont-ils versé moins de
sang que le ministre des cruautés de Philippe II.

(16) Voyez-vous, sous le ciel de l'ardente Italie,
Virgile regretter la fraîche Thessalie?

Nos lecteurs se rappellent sûrement les beaux
vers de Virgile (*Géorg. II*, v. 486) dont ceux-
ci sont une heureuse imitation. Delille s'était tellement pénétré de son esprit, qu'il a su s'appro-
prier souvent les formes les plus heureuses de son
style, et semble pour ainsi dire parler sa langue.
La nôtre y a gagné quelques tournures nouvelles,
que très-peu de nos poëtes modernes eussent eu
le droit de hasarder. Ces innovations sont une véritable richesse; car, guidé constamment par le
goût le plus pur, Delille a toujours su s'arrêter à
propos ; et si, plus qu'aucun autre poëte, il a
réussi à reculer les bornes de la poésie française,
il n'a jamais cessé de respecter ses lois.

(17) Que Sylla meure en proie aux insectes hideux
Qui de la pauvreté sont les hôtes honteux,
Je m'étonne et m'écrie : « Est-ce donc là cet homme,
Vainqueur dans Orchomène et le bourreau de Rome? »

On sait que l'*heureux* Sylla (c'est ainsi qu'il se

8.

nomma lui-même), après avoir triomphé de Mithridate et de Marius, subjugué la Grèce, donné des lois aux Parthes, dont les ambassadeurs le prirent pour le maître du monde, et gouverné les Romains avec une tyrannie sans exemple, ne craignit point de renoncer au pouvoir suprême, et brava long-temps, dans les délices d'une vie privée, la haine et la vengeance publique. Son insultante sécurité, au milieu des enfants et des ombres de ses victimes, est un exemple unique dans l'histoire; Crébillon lui doit un des plus beaux vers qu'il ait faits :

. . . . Sylla, couvert du sang romain,
Abdique insolemment le pouvoir souverain.

C'est une idée grande et juste, rendue avec un singulier bonheur d'expression. Sylla se retira dans sa maison de campagne, près de Pouzzoles, et il y mourut d'une maladie pédiculaire, causée par l'excès de ses débauches.

(19) Bélisaire ! A ce nom trembla le monde entier,
Et son casque tendu sollicite un denier !

La poésie et tous les beaux-arts ont consacré l'infortune de Bélisaire aveugle, implorant, au sein de l'indigence, les plus faibles secours de la pitié. La philosophie et la morale se sont emparées de cette grande leçon. Cependant aucun historien contemporain n'en fait mention. Justinien, qui ne fut point étranger à la gloire de son règne, et dont le code régit encore une partie de l'Europe, se laissa tromper un moment sur les intentions politiques de Bélisaire; mais il paraît qu'après une courte disgrâce, qui ne fut aggravée par aucun traitement barbare, le héros fut rétabli dans ses dignités, et qu'il termina dans l'opulence, au milieu de Constantinople et de ses amis, une carrière honorée par des mœurs et des triomphes dignes de l'ancienne Rome. Cependant une tradition populaire désigne encore à Bysance, sur le chemin du Sérail au château des Sept-Tours, une vieille masure qu'on appelle la *Tour de Bélisaire*; des Grecs ignorants et dégénérés la montrent aux voyageurs comme la prison de ce grand homme, et prétendent qu'à travers les barreaux de ses fenêtres il criait aux passants: *Donnez une obole au pauvre Bélisaire, à qui l'envie plutôt que le crime a crevé les yeux.* L'opinion du vulgaire a tellement accrédité cette fable, qui parle au cœur et à l'imagination, et les arts l'ont tellement embellie (témoin chez nous les *Bélisaire* de David et de Gérard), qu'elle a prévalu sur les témoignages de l'histoire, et sur la vraisemblance morale, qui, dans cette occasion, a presque tous les caractères de la vérité.

(19) J'admire de sang-froid le sage Idoménée,
 Et le prudent Ulysse, et le pieux Énée;
 Mais qu'on me montre Achille, Achille âme de feu,
 Dont la rage est d'un tigre, et les vertus d'un dieu, etc.

Il est reconnu que les personnages les plus dramatiques sont ceux qui, par la violence de leurs passions, peuvent être rapidement entraînés aux plus grands crimes, et s'élever de même aux plus sublimes vertus. L'effet de ces caractères impétueux est aussi frappant dans l'épopée que sur la scène, et c'est pour cela que le plus grand nombre préférera toujours l'*Iliade* à l'*Odyssée* et à l'*Énéide*. La sagesse et l'éloquence d'Ulysse, son astucieuse prudence, son amour pour sa patrie, sa tendresse pour Pénélope et pour son fils, nous intéressent bien faiblement; d'ailleurs on ne s'alarme guère des périls qui menacent un homme si fécond en ressources; à peine tout le génie d'Homère suffit-il pour lui conserver la majesté d'un héros épique; et l'estime qu'Horace et Longin témoignent pour l'*Odyssée*, la préférence secrète que Fénélon semble lui donner, tiennent plus, je crois, à l'invention de la fable, à la variété des événements, à la peinture naïve des mœurs antiques, qu'au caractère du personnage principal. Énée ne soutient pas mieux la comparaison avec Achille. Virgile dessine avec un goût parfait les traits qui doivent le caractériser: c'est un guerrier mûri par l'âge et l'expérience du malheur; il a plus de trente ans; il est père, et fondateur d'un grand empire; il donne à son jeune fils l'exemple des vertus et de la piété; dans les situations les plus cruelles, son respect pour les dieux est inaltérable, et sa confiance dans leurs oracles ne se dément jamais. Le Tasse a peint Godefroy d'après Énée; mais, suivant le jugement de Boileau lui-même,

Il n'eût point de son livre illustré l'Italie,
Si son sage héros, toujours en oraison,
N'eût fait que mettre enfin Satan à la raison,
Et si Renaud, Argant, Tancrède et sa maîtresse
N'eussent de son sujet égayé la tristesse.

C'est le caractère de Renaud, dont sans doute celui d'Achille a donné l'idée, qui jette tant de mouvement, d'intérêt et de charme dans la *Jérusalem*; c'est à ces *âmes de feu* que l'épopée et la tragédie doivent leurs plus beaux effets. J'insiste sur ces observations, parce que Delille, dans la préface de sa traduction de l'*Énéide*, ayant défendu Virgile contre des critiques trop sévères, fut accusé de ne pas rendre assez de justice au génie d'Homère. Pouvait-il mieux prouver son admiration pour le plus grand de tous les poëtes, qu'en reconnaissant la supériorité des caractères qu'il a tracés ? N'est-ce point par cette partie de l'invention qu'Homère, dans l'*Iliade*, l'emporte sur les anciens et sur les modernes, au point que l'imitation plus ou moins heureuse de cet inimitable modèle détermine partout le degré d'estime qu'on accorde aux plus beaux ouvrages de ce genre et aux plus rares talents ? Il me semble que ce passage du poëme de l'*Imagination* est un digne hommage rendu à Homère; il montre du moins qu'en se livrant à son admiration reconnaissante pour l'auteur des *Géorgiques* et de l'*Énéide*, Delille était loin de méconnaître le génie de cet homme prodigieux, qui, depuis trois mille ans, conserve son empire chez toutes les nations éclairées; à qui tous les arts doivent des idées, et tous les écrivains des leçons; dont les poëmes sont encore un objet de méditation pour les législateurs et les philosophes, pour les politiques et les héros, et qui, suivant l'expression de l'abbé Barthélemy, a tellement imposé silence à l'envie, et même à l'amour-propre, qu'on n'est pas plus jaloux de lui que du soleil qui nous éclaire.

(2°) Mais un débat fameux s'élève entre les sages :
Du monde et des objets d'imparfaites images
Ont-elles précédé notre arrivée au jour?

La question des *idées innées*, qui a si long-temps occupé les métaphysiciens de l'école, a été entre autres l'objet de profondes discussions dans l'excellent ouvrage de Locke sur l'*Entendement humain*. On peut choisir encore entre le système du philosophe anglais et celui de Leibnitz; l'un et l'autre ne seront peut-être jamais démontrés de manière à dissiper tous les doutes, à détruire toutes les objections. « Que notre âme, dit l'auteur de l'article IDÉE dans l'*Encyclopédie*, ait des perceptions dont elle ne prend jamais connaissance, et dont elle n'a pas la *conscience* (pour me servir du terme introduit par Locke), ou que l'âme n'ait point d'autres idées que celles qu'elle aperçoit, en sorte que la perception soit le sentiment même, ou la conscience qui avertit l'âme de ce qui se passe en elle, l'un et l'autre système n'explique point la manière dont le corps agit sur l'âme, et celle-ci réciproquement. Ce sont deux substances trop différentes; nous ne connaissons l'âme que par ses facultés, et ces facultés que par leurs effets : ces effets se manifestent à nous par l'intervention du corps; nous voyons par là l'influence de l'âme sur le corps, et réciproquement celle du corps sur l'âme; mais nous ne pouvons pénétrer au-delà. Le voile restant sur la nature de l'âme, nous ne pouvons savoir ce qu'est une *idée* considérée dans l'âme, ni comment elle s'y produit : c'est un fait; la cause en est encore dans l'obscurité, et sera sans doute toujours livrée aux conjectures des métaphysiciens. »

Sur la fin du dernier siècle, cette importante question a également occupé les philosophes allemands, et surtout le célèbre Kant et ses nombreux disciples. Kant réfute ainsi que Locke la doctrine des idées innées; mais il n'adopte pas pour cela celle des sensations. Un des principaux mérites de sa philosophie est d'avoir établi une distinction entre les idées qui doivent leur origine à la nature de notre intelligence et de nos facultés, et celles qui sont excitées en nous par des sensations.

L'*instinct*, dont le poëte décrit les effets singuliers, immédiatement après la question qu'il s'est faite sur les *idées innées*, est un phénomène qui n'explique rien, et qui lui-même est à peu près inexplicable. On appelle *instinct* ce principe secret qui semble quelquefois diriger l'enfance, et qu'on croit être l'unique moteur des actions des bêtes. Mais de quelle nature est ce principe? Quelle est l'étendue de l'instinct ? Il est évident, malgré l'autorité de Descartes, que les animaux sentent, comparent, choisissent, se souviennent, et sont guidés dans toutes leurs démarches par un sentiment d'amour de soi, que l'expérience rend plus ou moins éclairé. Lactance a dit qu'excepté la religion, il n'est rien en quoi les bêtes ne participent aux avantages de l'espèce humaine. Que faut-il en conclure? Les prodiges de l'instinct peuvent-ils expliquer les mystères de l'âme? Les premiers mouvements de l'enfance, qui supposent une espèce de réflexion, sont-ils le résultat des idées innées que l'âme apporte au monde, ou des sensations que le corps éprouve en y entrant? C'est encore ici qu'il faut s'écrier avec l'auteur de ce poëme :

Là finit ton savoir, mortel audacieux!

Les secrets de l'âme sont plus nombreux et plus impénétrables que ceux que la nature a cachés dans les entrailles de la terre et dans la voûte des cieux.

(21) *Si l'instinct est si prompt et si sûr dans ses lois.*

Voyez, sur *la Raison* et *l'Instinct*, l'épître III de l'*Essai sur l'homme*, dans la belle traduction de Delille, tome XVI de cette édition.

(22) De là ce mot fameux qu'un sage a publié :
« L'homme n'ignorait pas : il n'avait qu'oublié. »

Ce mot est de Platon, et ce système n'est pas

plus facile à prouver ou à réfuter que ceux des philosophes modernes. Il y a quelque ressemblance dans l'opinion de Platon et celle de Leibnitz. Celui-ci conclut de la simplicité de notre âme qu'aucune chose créée ne peut agir sur elle; que tous les changements qu'elle éprouve dépendent d'un sentiment interne; que ce principe est la constitution même de l'âme, qui est formée de manière qu'elle a en elle différentes perceptions, les unes distinctes, plusieurs confuses, et un très-grand nombre de si obscures, qu'à peine les aperçoit-elle. Toutes ces idées réunies forment, suivant Leibnitz, le tableau de l'univers; et, suivant les différentes relations de chaque âme avec cet univers, ou avec certaines parties de l'univers, elle a des idées plus ou moins distinctes, suivant le plus ou le moins de relations. Tout d'ailleurs étant lié dans l'univers, chaque partie étant une suite des autres parties, de même l'idée représentative a une liaison si nécessaire avec la représentation du tout, qu'elle ne saurait en être séparée. D'où il suit que, comme les choses qui arrivent dans l'univers se succèdent suivant certaines lois, de même dans l'âme les idées deviennent successivement distinctes, suivant d'autres lois adaptées à la nature de l'intelligence. Ainsi ce n'est ni le mouvement, ni l'impression sur l'organe qui excite des sensations ou des perceptions dans l'âme: je vois la lumière, j'entends un son; dans le même instant les perceptions représentatives du son et de la lumière s'excitent dans mon âme par sa constitution et par une harmonie nécessaire, d'un côté entre toutes les parties de l'univers, de l'autre entre les idées de mon âme, qui, d'obscures qu'elles étaient, deviennent successivement distinctes : tel est le système de Leibnitz. On voit que ces idées, qui pour ainsi dire reposaient obscures dans notre âme, et qui s'éveillent distinctes à l'aspect des objets, par l'effet d'une *harmonie préétablie* entre l'âme et l'univers, ne diffèrent pas beaucoup des idées que l'homme aurait oubliées, et qui lui seraient rappelées tout à coup par des objets propres à les faire naître. La philosophie de Leibnitz, comme celle de Platon, appartient plus à l'imagination qu'à l'expérience : elle est favorable à la poésie, qui l'a quelquefois revêtue des plus brillantes images. Au reste, il ne faut pas oublier que l'hypothèse de Leibnitz, successivement attaquée par Bayle, Newton, Clarke, et d'autres philosophes célèbres, fut vivement défendue par le fameux Wolff, et qu'elle servit à ses ennemis de principal chef d'accusation contre lui. Un théologien fanatique, nommé Lang, fit entendre au roi de Prusse, Frédéric-Guillaume II. que par le moyen de l'*harmonie préétablie* tous les déserteurs étaient mis à couvert du châtiment; les corps des soldats n'étant que des machines sur lesquelles l'âme n'a point de pouvoir, ils désertaient *nécessairement*. Ce raisonnement alarma si fort le roi, qu'il ne donna que trois jours à Wolff pour sortir de ses états. Son fils, le grand Frédéric, qui redoutait moins l'influence de la métaphysique sur son armée, le rappela, le combla de biens et d'honneurs, le fit baron de l'empire et chancelier de l'université de Halle.

(23) Prête à le mettre au jour, la mère de Stuart
Voit son amant tomber sous vingt coups de poignard;
Et, tremblant d'un fer nu, roi pédant et frivole,
Son fils livre la guerre aux docteurs de l'école.

Tous les historiens attestent l'effet singulier du saisissement et de l'effroi qu'éprouva l'infortunée Marie Stuart, enceinte de cinq mois, lorsque son amant Rizzio fut poignardé sous ses yeux. C'était un musicien piémontais, qui avait passé en Écosse à la suite de l'ambassadeur de son pays, et qui se fit aimer de la reine par la douceur de sa figure et le charme de sa voix. Devenu négociateur, ministre et favori, sa fortune indécente étonna l'Europe, et sa coupable faveur le rendit odieux au comte de Darnley (Henri Stuart), qui avait épousé Marie en secondes noces. Ce prince jaloux fit massacrer son ennemi en présence de son épouse, qui s'était enfermée dans un cabinet pour y souper avec Rizzio et la comtesse d'Argyle. Le duc de Rothsay porta les premiers coups; Marie, qui voulut en vain se jeter au-devant des assassins, fut couverte du sang de son amant: d'autres ont écrit qu'on l'avait entraînée dans une chambre voisine, pendant qu'on achevait cette horrible exécution. La reine, au désespoir, vengea la mort de Rizzio sur ses meurtriers, dont quelques-uns périrent du dernier supplice. Darnley lui-même fut assassiné quelque temps après, à Édimbourg, dans une maison isolée qu'on fit sauter par le moyen d'une mine. Alors l'imprudente Marie épousa le comte de Bothwell, regardé universellement comme l'auteur de la mort de son mari, et cette union criminelle, en occasionnant la révolte de ses sujets, prépara les derniers malheurs qui conduisirent sur l'échafaud la veuve d'un roi de France (François II), et la souveraine légitime de l'Angleterre et de l'Écosse.

Quelques mois après la fin tragique de Rizzio, Marie Stuart accoucha d'un fils, qui le premier porta le titre de roi de la Grande-Bretagne, en réunissant le trône d'Écosse à celui de l'Angleterre. Il régna vingt-deux ans sous le nom de Jacques Ier; ou plutôt ses favoris Jacques Carr, et le fameux duc de Buckingham (Georges Williers), gouvernèrent l'Angleterre, pendant que le roi disputait contre des docteurs, commentait l'*Apocalypse*, et composait des traités de théologie pour prouver que le pape était *l'antechrist*. La vue d'une épée nue lui causait une espèce de convulsion, quelques efforts qu'il fit sur lui-même pour triompher de cette faiblesse, qui tenait uniquement à la disposition de ses organes. C'est sous son règne que se formèrent, dans le parlement britannique et dans la nation, les deux factions si connues des *Whigs* et des *Torys*, qui durent encore; et c'est dans le même temps que le fanatisme des querelles religieuses amena cette fameuse conjuration des *poudres*, que beaucoup de gens sages regardent comme une fable politique. Au reste, l'éloquence et l'érudition de Jacques Ier ne lui attirèrent que des critiques, et lui donnèrent beaucoup de ridicules. Henri IV ne l'appelait jamais que *Maître-Jacques*. Les Anglais furent plus irrités de sa doctrine sur la puissance absolue des rois, que touchés de son attachement à la religion protestante, et de ses ennuyeuses dissertations contre les catholiques. Il laissa le trône entouré de factions, de méfiances, de ressentiments et de dangers, qui finirent par en précipiter son malheureux fils Charles Ier.

(24) Au sein de cette mer qu'on nomme Pacifique,
   L'île de Péliou lève son front antique.

Les îles Pelew (on prononce *Péliou*) sont appelées par les Espagnols îles de *Palos*, ou *Palaos*. Elles sont situées entre les Philippines et l'Archipel (très-peu connu) des Carolines, et des Larrons. Le nom que les Espagnols leur ont donné vient du grand nombre de palmiers qui y croissent, et qui de loin se présentent comme des mâts de vaisseau. Le mot *palos* signifie un mât dans la marine espagnole. Aucun navigateur ne paraît avoir abordé dans ces îles avant ceux dont nous allons parler dans la note suivante. Seulement elles avaient été reconnues plusieurs fois par des vaisseaux qui allaient à la Chine par l'orient, et qui en revenaient contre les moussons, aussi-bien que par les galions espagnols dans la traversée d'Acapulco à Manille. On les croyait habitées par un peuple sauvage et cruel, qui se nourrissait de chair humaine, et qui vivait inconnu même à ceux de l'Archipel voisin. La relation du capitaine Wilson leur a fait une meilleure réputation. Suivant l'éditeur de ce voyage, les naturels des îles Pelew sont un des ornements de l'humanité, bien loin d'en être l'opprobre : leurs usages, leurs mœurs, leur caractère, ont des rapports frappants avec ceux des autres insulaires de la mer du Sud; et ce qui les en distingue n'est pas ce qu'ils ont de moins aimable et de moins intéressant. Un séjour de plusieurs mois parmi eux a mis les Anglais à portée de les apprécier et de les faire connaître.

(25) *Un vaisseau qu'Albion vit sortir de ses ports,*
Heureux dans son naufrage, échoua sur ses bords.

Ce fut dans la nuit du 10 août 1783 que l'*Antelope*, paquebot de la compagnie des Indes orientales, commandé par le capitaine Henri Wilson, échoua sur les brisants qui environnent les îles Pelew du côté de l'ouest. Malgré la violence de la tempête, l'équipage eut le temps de construire un radeau, sur lequel on transporta les armes et les principales provisions. Les Anglais s'établirent dans un îlot désert, que les naturels du pays appellent *Oroolong*. Ils trouvèrent chez ce peuple, qu'on croyait anthropophage, la douceur et l'empressement de l'hospitalité la plus confiante. Il serait trop long de rapporter ici les détails de leur séjour, qui se prolongea jusqu'au 12 novembre 1783. Ils construi-irent un petit bâtiment, sur lequel ils revinrent à Macao. Le roi de Pelew, qu'ils avaient secouru dans une guerre qu'il soutenait contre les habitants d'une île voisine, et qui avait dû la victoire à la supériorité de leurs armes à feu, confia l'un de ses fils au capitaine Wilson, pour le suivre en Angleterre, tandis qu'un des matelots de l'*Antelope* résolut de s'arrêter dans l'île, et de passer le reste de sa vie avec ce peuple simple et hospitalier. C'est cet événement qui a fourni à Delille le sujet de l'épisode qui termine ce chant.

(26) Dans le ravissement de ses nouveaux destins,
  Adieu l'Europe, adieu ses arts et ses festins !

La relation du capitaine Wilson ne donne point à l'Anglais qui voulut rester aux îles Pelew des motifs aussi poétiques, et n'en fait pas un portrait aussi séduisant que Delille. C'était un matelot nommé Madan Blanchart. Les mœurs et le caractère des insulaires l'avaient frappé : le souvenir des dangers qu'il avait courus en abordant cette terre inconnue, l'idée de ceux que ses compagnons allaient encore affronter, la crainte d'une vieillesse pauvre dans sa patrie, où le hasard avait marqué sa place au dernier rang de la société, et le plaisir d'être considéré comme un homme supérieur chez un peuple encore sauvage, telles furent probablement les causes secrètes de sa résolution. Il fut impossible au capitaine Wilson de la vaincre. Blanchart déclara qu'il aiderait ses camarades à construire leur vaisseau, qu'il travaillerait avec eux jusqu'au dernier instant de leur séjour à Oroolong, mais qu'il voulait finir ses jours avec les naturels du pays. Il exécuta son projet avec une fermeté inaltérable. Le jour où ses compagnons quittèrent les îles Pelew, Blanchart accompagna le vaisseau jusqu'en dehors des récifs. Les matelots cherchaient une voile qu'il avait lui-même enfermée; il quitta son canot, et monta sur le navire pour la leur indiquer. Il leur souhaita ensuite un heureux voyage, sans témoigner le moindre regret, « et prit congé d'eux, dit l'auteur de la *Relation anglaise*, aussi tranquillement que s'il les avait vus partir de Londres pour Gravesend, et qu'ils eussent dû revenir à la marée suivante. » On ignore s'il n'a jamais eu l'occasion de les regretter, et de se repentir du parti qu'il avait pris.

(27) En vain les yeux en pleurs, la douleur dans le sein,
Son père en cheveux blancs s'oppose à son dessein.

Cette résistance perpétuelle du roi de Pelew, qui est de l'invention du poëte, est ici plus dramatique que la simple vérité. Suivant la *Relation*, ce fut Abba-Thulle lui-même qui conçut le projet d'envoyer son fils Lée-Boo en Angleterre, et ses motifs n'étaient point d'un sauvage. La supériorité des arts de l'Europe, dont le capitaine Wilson et l'équipage de l'*Antelope* ne pouvaient lui donner qu'une faible idée, avait fait cependant une profonde impression sur son esprit : « Mes sujets, dit-il un jour au capitaine, ont pour moi beaucoup de respect, et me regardent comme supérieur à eux, non-seulement en rang, mais encore en lumières et en connaissances. Cependant depuis que j'ai vu des Anglais et examiné leurs ouvrages, j'ai souvent reconnu mon extrême infériorité. Les derniers de ceux à qui tu commandes ont des talents et des facultés dont l'idée même ne m'était jamais venue : j'ai donc résolu de confier à tes soins mon second fils Lée-Boo, afin qu'il puisse se perfectionner dans la société des Anglais, et s'instruire d'une foule de choses qui, rapportées à son retour, seront d'un grand avantage pour mon pays. Mon fils est un jeune homme d'un esprit aimable et facile, d'un caractère sensible et doux ; j'ai souvent réfléchi à notre séparation. Je sais que, les pays éloignés qu'il doit traverser différant beaucoup du sien, il doit être exposé à beaucoup de dangers, à bien des maladies qui nous sont inconnues ; il peut mourir....... J'ai préparé mon âme à ce malheur...... La mort est inévitable pour tous les hommes, et il importe peu que mon fils la rencontre à Pelew ou partout ailleurs. Je suis persuadé, d'après l'idée que j'ai de ton humanité, que tu en auras soin s'il est malade ; et s'il arrivait quelque malheur qu'il n'est pas en ton pouvoir de prévenir, que cela ne t'empêche point, toi, ton frère, ton fils ou quelques-uns de tes compatriotes, de revenir ici : je te recevrai, ainsi que tous les tiens, avec la même amitié, et j'aurai le même plaisir à te revoir. » Tel est au moins le discours que prête au roi de Pelew l'historien du naufrage du capitaine Wilson, M. Georges Keate. Ce sauvage, plein de courage et de prudence, se sépara de son fils avec un attendrissement profond, mais sans donner aucun signe de faiblesse ou d'incertitude.

(28) Ce fil, de qui les nœuds nous mesurent les jours,
Dans mes tremblantes mains je le tiendrai toujours;
Tous les jours je vais croire, au gré de mon envie,
En ôtant à ces nœuds ajouter à ma vie.

On a retrouvé dans quelques îles de la mer du Sud l'usage des anciens Péruviens, de marquer les jours par des nœuds qu'on fait à des cordons de fil.

« La veille du jour où l'*Oroolong* (1) mit à la voile, le roi demanda le soir au capitaine Wilson dans combien de temps le vaisseau pourrait être de retour à Pelew. Il lui répondit que ce ne serait probablement que dans trente mois, et peut-être même dans trente-six. Abba-Thulle tira de sa corbeille un morceau de linge, y fit trente nœuds à un petit intervalle; ensuite il laissa un long espace, y ajouta six autres nœuds, et le serra. »

(*Relation des îles Pelew*, t. II.)

Les Incas se servaient d'un grand nombre de cordons de différentes couleurs, pour régler le paiement de leurs troupes et les dénombrements

(1) Les Anglais donnèrent le nom de l'île au petit navire qu'ils y avaient construit.

du peuple. On assure même que ces signes convenus pouvaient en partie remplacer l'écriture, et conserver le souvenir des actions mémorables et des grands événements.

(29) *Et toi, bonté du ciel, si je dois le revoir*, etc.

Le traducteur de Virgile reproduit ici avec un nouveau charme d'expression les adieux si tendres et si touchants d'Évandre à son fils Pallas, *Énéide*, VIII, v. 574 et suiv.

    Si numina vestra
Incolumem Pallanta mihi, si fata reservant;
Si visurus eum vivo, etc.

 O dieux! ô justes dieux! écoutez la prière
D'un malheureux vieillard et d'un malheureux père!
Si vous aimez Pallas, si vous devez un jour
Le rendre à mes regrets, le rendre à mon amour;
Si ce n'est pas en vain que ce cœur vous implore,
Si je vis pour le voir, pour l'embrasser encore,
Ah! prolongez mes jours! Il n'est point de tourment
Qui ne cède aux douceurs de cet embrassement.
Mais si du coup fatal vous menacez sa vie,
O dieux! qu'avant ce temps la mienne soit ravie,
Avant qu'un deuil affreux vienne en troubler la fin...
. . . .
Attendrai-je en tremblant qu'un avis funéraire
Vienne du coup fatal assassiner ton père?
Ah! qu'Évandre plutôt, sans connaître ton sort,
Meure d'un coup de foudre, et non pas de ta mort!

(30) *Il dit, et l'œil tourné vers la carte chérie*
  Où l'art ingénieux lui traçait sa patrie,

Tantôt vers ces écrits monuments de nos arts
Tournant languissamment ses douloureux regards,
Il expire en sa fleur....

Lée-Boo mourut à Londres de la petite vérole, le 27 décembre 1784, chez le capitaine Wilson, qui lui prodigua jusqu'à la fin les soins les plus tendres et les plus reconnaissants. Sa douceur, sa bonté, son empressement à s'instruire l'avaient rendu cher à tous ceux qui le connaissaient. « C'est une triste commission pour moi, écrivait le médecin qui le soigna dans ses derniers momens, que de vous informer du destin du pauvre Lée-Boo. Il est mort ce matin sans pousser un gémissement, la vigueur de son esprit et de son corps s'étant soutenue jusqu'à la fin. Hier, le second accès survenant, il fut saisi d'un frisson auquel succédèrent un mal de tête et une violente palpitation, avec une grande difficulté de respirer. Il fit usage du bain chaud, qui auparavant lui avait procuré un soulagement passager. Il m'exprimait toutes ses douleurs de la manière la plus pathétique, mettant ma main sur son cœur, posant sa tête sur mon bras, et m'exprimant sa difficulté de respirer : mais lorsque je fus sorti, il ne se plaignit plus, faisant voir par là qu'il ne se plaignait que dans la vue d'être soulagé, et non pour attendrir ; en un mot, vivant et mourant, il m'a donné une leçon que je n'oublierai jamais ; et certainement, par sa patience et par sa force d'âme, il fut digne d'être imité par un stoïcien. Je n'ai point vu le capitaine Wilson ce matin ; mais j'ai trouvé tous les domestiques en pleurs, et un air de tristesse sur tous les visages. Le caractère aimable du pauvre Lée-Boo l'avait fait regarder, par chaque personne de la famille, comme un frère ou un fils, etc..... » — La compagnie des Indes orientales lui fit élever un tombeau dans le cimetière de Rotherhithe. Ces détails m'ont paru nécessaires pour faire apprécier le fond historique de cet épisode, et ce qu'il doit à l'imagination du poëte.

L'auteur est conduit au bel épisode qui termine ce chant par l'opposition de l'instinct et de la raison ; il veut montrer qu'on se trouve mieux de revenir à elle que de la quitter, et que la raison même, d'après cela, peut conseiller d'écouter l'instinct. Ce contraste du jeune homme civilisé qui change de condition avec un jeune sauvage, et qui en est récompensé par le bonheur, tandis que l'autre est puni par la mort, est une idée originale dont l'auteur a su tirer de grandes beautés.

(31) *S'ils ont fait quelques maux, ils en sont le remède.*

Voilà peut-être ce que l'on peut opposer de plus fort, de plus solide et de plus concluant, aux éloquentes déclamations de J.-J. Rousseau contre les arts. Les plus longues, les plus savantes réfutations de cet étrange paradoxe se réduisent en définitive au raisonnement renfermé dans ce vers. Ainsi tous les prestiges du sophisme le plus artificieusement combiné tombent d'eux-mêmes devant la simple expression de la vérité; et l'éloquence des choses triomphe sans peine du vain appareil des mots.

CHANT DEUXIÈME.

L'IMAGINATION,
POËME.

CHANT DEUXIÈME.

L'HOMME SENSIBLE.

Heureux, disait Virgile, heureux l'esprit sublime
Qui peut de la nature approfondir l'abîme (1);
Qui, combinant entre eux les causes, les effets,
Sonde des éléments les principes secrets;
Qui sait pourquoi du jour s'éclipse la lumière;
Pourquoi pâlit des nuits l'inégale courrière;
Comment la vaste mer, sans l'aide du trident,
S'enfle, couvre ses bords, et les quitte en grondant;
Et qui voit, des hauteurs de la philosophie,
Tous ces vains préjugés que l'erreur déifie.
Mais trop heureux aussi, qui, modeste en ses chants,
Sait peindre les travaux et les plaisirs des champs;
Et qui, n'osant du monde embrasser la structure,
Assis près d'un ruisseau, se plaît à son murmure.
Ainsi parlait Virgile; et moi, de qui la voix
Célébrait les jardins, les vergers et les bois,

J'oserai plus encor : plein d'une douce ivresse,
Ainsi que de Virgile, élève de Lucrèce,
De l'homme, cet abîme et sans bords et sans fonds,
Je vais développer les mystères profonds.
J'ai dit comment, des dieux parcourant les ouvrages,
Les sens dans notre esprit en gravent les images ;
Par quel art, variant ses magiques reflets,
L'Imagination colore les objets,
Et puisant à son gré dans la riche mémoire,
De ce monde en roman sait transformer l'histoire.
Aujourd'hui je dirai nos peines, nos plaisirs ;
Comment sont irrités ou calmés nos désirs ;
Tout ce qu'ajoute aux biens, aux maux de la nature,
Ce pouvoir enchanteur, objet de ma peinture.
Heureux si ces trésors me sont encore ouverts,
Et parent la raison du doux charme des vers !

   Vois comme l'Eternel a, d'une main avare,
Dispersé les plaisirs ; comment il les sépare
Par des vides fréquents, où le désir trompé
Ne sait plus où se prendre, et meurt désoccupé ;
Où notre œil n'aperçoit, de distance en distance,
Que quelques points épars dans un espace immense.
L'illusion accourt, et sa brillante erreur
Vient, d'un objet à l'autre, amuser notre cœur ;
Près du bonheur qu'on eut met le bonheur qu'on rêve :
Dieu créa l'univers, l'illusion l'achève.
Où dort la jouissance elle éveille un désir ;
Elle met le regret où finit le plaisir ;

Et de vœux, de projets, d'espérances suivie,
Remplit le canevas des scènes de la vie.

En voulez-vous l'emblème, écoutez ce récit ?
Une femme charmante assemblait, m'a-t-on dit,
A de petits soupers, très-grande compagnie;
De sa table frugale, et souvent mal servie,
Elle se plaignait seule, ou plutôt se moquait;
Mais si l'Aï, l'Arbois, où le Bordeaux manquait (²),
Si les plats clair-semés se fuyaient sur la table,
Elle contait : soudain la gaité délectable
Se répandait partout : les ris gagnaient ; le vin
Etait délicieux, et le souper divin.
Telle est l'illusion, au grand banquet du monde :
Où manque un bien réel, la douce erreur abonde :

Dans un espace étroit, et dans un temps borné,
Son magique pouvoir ne fut point confiné.
Au loin dans l'infini son regard se promène,
Le monde est son empire, et le temps son domaine.
Tantôt des biens présents elle règle le choix;
Et quand, tenant déjà ses bassins et ses poids,
La prudente raison pèse tout en silence,
Elle accourt, et soudain fait pencher la balance.
Mais ce bonheur est court : tel qu'un coursier fougueux,
Las du sol qui le porte, et d'un pied dédaigneux
Insultant à la terre, avec impatience
Vole en espoir aux lieux qu'il dévore d'avance;
Tel le présent pour l'homme est bientôt un ennui,
Et le passé lui-même est préféré par lui.

Croyez-vous, en effet, que, prompts à disparaître,
Nos jours soient pour jamais retranchés de notre être?
Non, non, le souvenir les reproduit toujours,
Le souvenir au temps fait rebrousser son cours;
Et, tel que ce serpent que tranche un fer barbare,
Fidèle à la moitié dont l'acier le sépare,
A ses vivants débris cherche encore à s'unir,
Ainsi vers le passé revient le souvenir.
Que dis-je? L'Eternel, en le faisant renaître,
Au sage emploi du temps nous invite peut-être.
Il nous dit : « Du présent placez bien les trésors,
Et que vos souvenirs ne soient point des remords.»
Malheureux le mortel que le remords tourmente!
L'Imagination le nourrit et l'augmente.
Terrible, elle présente à l'homme criminel
Son serment, son parjure, et le temple et l'autel,
Et lui fait de son crime une longue torture.
Mais l'âme, quelquefois, par le remords s'épure;
Il fait servir au bien le vice qui n'est plus,
Et cet enfant du crime est garant des vertus.

Comme lui, du passé le regret est l'image,
Mais son air est plus doux. Dans son touchant langage,
Il peint tout ce qui plut à nos cœurs, à nos yeux;
Il s'en va choisissant, dans les temps, dans les lieux,
Quelque endroit préféré, quelques heures chéries,
Où viennent reposer ses douces rêveries;
Même en les nourrissant adoucit ses douleurs,
Vit de ses souvenirs, et jouit de ses pleurs.

Eh! qui n'en a connu les peines et les charmes ?
Qui n'a vers le passé détourné quelques larmes ?
L'homme ingrat au passé goûte peu l'avenir.
Non, l'espoir ne vit guère où meurt le souvenir;
Dans le même foyer tous deux ont pris naissance,
Et le cœur sans regret languit sans jouissance.

 Et toi, du souvenir le plus noble attribut,
Douce reconnaissance, accepte mon tribut !
Le présent est le dieu que l'intérêt adore;
Mais toi, vers le passé ton œil se tourne encore.
Si des dettes du cœur il s'était acquitté,
« Cet homme se souvient », disait l'antiquité.
Mais aux dieux, aux mortels, vainement redevables,
Que d'âmes sans mémoire, et de cœurs insolvables !
Et, même dans l'amour, même dans l'amitié,
Le doux ressouvenir n'est-il pas de moitié ?
Le temps serre les nœuds que l'instinct fit éclore;
On songe qu'on s'aima, pour s'aimer plus encore.
Trop heureux cependant, si toujours le passé
Par ces doux souvenirs nous était retracé !
Mais comme les penchants vertueux et paisibles,
La mémoire nourrit les passions terribles,
Surtout dans ces climats dont les âpres chaleurs,
Ainsi que les poisons, exaltent les fureurs.
Là, par l'homme superbe une injure endurée
Descend profondément dans son âme ulcérée,
Pour lui plus de plaisir : sa barbe, ses cheveux
Croîtront jusqu'au trépas d'un mortel odieux;

Le serment en est fait : solitaire, sauvage,
Sur les monts, dans les bois, il court nourrir sa rage;
Et, tandis qu'au désert confiant ses douleurs
Un jeune amant peut-être y vient verser des pleurs,
Lui, sans pleurs, sans sommeil, le jour, dans l'ombre obscure
Aux monts, aux vents, aux flots racontant son injure,
Il rugit, il se peint avec des traits de feu
L'horreur de son affront, le jour, l'heure, le lieu;
D'un mortel abhorré porte en tous lieux l'image,
Et de loin sur sa tête amoncelle l'orage :
Que ses jours paîront cher le jour qui l'a banni!
Que n'est-il plus heureux, pour être mieux puni!
Dans les illusions de ses vœux sanguinaires,
Il lui prête à plaisir des biens imaginaires,
Des honneurs à ravir, des champs à ravager,
Un nom pour le flétrir, un fils pour l'égorger.
Quel tourment doit enfin lui choisir sa vengeance?
Faut-il hâter sa mort, prolonger sa souffrance?
Sera-ce le poison, le feu, l'onde ou le fer?
Ah! quand viendra le jour à ses désirs si cher?
Il est venu. Malheur à l'objet de sa rage!
L'impétueux autan, précurseur du naufrage,
Moins prompt, moins furieux, disperse les débris
De l'esquif imprudent que l'orage a surpris.
De là ces noirs forfaits, ces scènes exécrables,
Ces monstres de l'histoire, égalant ceux des fables;
Ces coupes, ces poignards fruits d'un long souvenir,
Et le passé couvant le terrible avenir.

CHANT II.

Oserai-je conter l'épouvantable histoire
Dont Pérouse, en tremblant, garde encor la mémoire (3)?
D'un mortel orgueilleux un violent affront
Avait blessé le cœur et fait rougir le front.
Instruit de ses fureurs, des piéges qu'il médite,
Le coupable tremblant échappe à sa poursuite;
Il part, il court attendre, à l'abri du danger,
Des moments plus heureux sous un ciel étranger.
Vaine précaution! la victime éloignée
N'en est que plus présente a cette âme indignée.
Sous un calme trompeur, son noir ressentiment
En prépare de loin l'horrible châtiment.
Dissimule à la fois et la haine et l'offense :
L'art de dissimuler est l'art de la vengeance.
Il feint que, las des cœurs, du monde dégoûté,
Il a d'un cloître saint choisi l'obscurité.
Là ses tourments pieux, et ses rigueurs austères
Défiaient la ferveur des plus saints solitaires;
Il fait plus : dans ce cœur qu'habitent les forfaits,
Sa fureur tous les jours reçoit le dieu de paix;
Mais il n'en hait que plus l'auteur de son outrage;
Ses crimes redoublés ont redoublé sa rage.

Cependant un faux bruit, par les siens répandu,
Fait croire à l'exilé, par sa haine attendu,
Qu'apaisé, relégué dans sa retraite obscure,
Il a, comme le monde, oublié son injure;
Qu'il est temps de rentrer dans son séjour natal.
Trop crédule, il se livre à cet espoir fatal,

Part, et revient se rendre à sa douce patrie.
Son ennemi l'a su ; son adroite furie
Avait fait épier son départ, son retour,
Et jusqu'au lieu secret choisi pour son séjour.
Alors, tout palpitant d'une allégresse horrible,
Avec un ris féroce, avec un œil terrible,
Parcourant ce lieu saint, ce temple, cet autel,
Où le crime à sa rage a fait servir le ciel :
« Séjour de piété, témoin d'un si long crime,
Je vous rends grâce enfin, je vous dois ma victime.
Adieu ! gardez pour vous l'innocence et la paix,
Adieu ! je vais jouir de cinq ans de forfaits. »

Dans la nuit, à ces mots, il quitte sa retraite :
Vers les lieux indiqués suit sa marche secrète :
Il frappe, il entre armé de poignards, de flambeaux (4),
Tel qu'un spectre échappé de la nuit des tombeaux,
Surprend son ennemi, le saisit et l'enchaine ;
Et d'un œil où brillait le bonheur de la haine !
« Ah ! cruel, lui dit-il, tu m'as long-temps trompé,
Mais à mes coups enfin tu n'as pas échappé ;
La vengeance à pas lents t'a conduit dans mes piéges ;
Tiens, traître, tiens, voilà pour tous mes sacriléges (5).
Tu m'as ravi (comment puis-je assez te punir?)
Les biens et de ce monde et du monde à venir.
Meurs, expie en mourant mes crimes, tes injures,
Et mes tourments passés, et mes peines futures ;
L'enfer est pour tous deux : tu m'y précéderas. »

Dans son flanc, à ces mots, il a plongé son bras ;

CHANT II.

Mais sur ce corps mourant sa haine vit encore;
Il trempe le poignard dans le sang qu'il abhorre.
Il l'emporte fumant de ce sang odieux;
Et cet objet funeste est toujours sous ses yeux:
Horrible monument d'une horrible vengeance.
Tant le passé sur nous exerce de puissance!

D'un vol bien plus rapide et plus ardent encor,
Vers l'obscur avenir l'âme prend son essor.
Tel que ce double dieu, Janus aux deux visages (6),
Qui, d'un double regard embrassant les deux âges,
Regardait, d'un côté, le siècle vieillissant,
De l'autre, se tournait vers le siècle naissant;
Ou tel que, dominant sur les ondes captives,
Un colosse fameux s'appuyait sur deux rives,
L'Imagination se plait à réunir,
D'un côté, le passé, de l'autre l'avenir.
Là sur deux points divers notre cœur se balance:
La Crainte d'un côté; de l'autre l'Espérance;
L'Espérance au front gai, qui, lorsque tous les dieux
Loin de ce globe impur s'enfuirent dans les cieux,
Nous resta la dernière, et console le monde.
Avec le nautonier elle vogue sur l'onde,
Veille dans les comptoirs, guide les bataillons,
Sourit au laboureur courbé sur ses sillons:
Du savant matinal voit grossir le volume,
Et tient le soc, la rame, et l'épée et la plume;
Mais surtout des grands cœurs elle enhardit l'essor.
Quand César aux Romains prodiguait son trésor,

Un ami, qu'effrayait sa vaste bienfaisance,
Lui demanda quel bien lui restait : l'espérance,
Dit-il ; et quel espoir que celui de César !
La fortune à l'espoir laisse atteler son char ;
Il enrichit le pauvre, affranchit les esclaves ;
Et par lui le captif chante dans ses entraves.
Quels maux désespérés peuvent lasser l'espoir ?
Dans la nuit la plus sombre il se laisse entrevoir,
Et de l'illusion offre au moins les ressources.

Ainsi, quand du crédit on a tari les sources,
Quand d'un papier, en vain protégé par les lois,
La trop mince valeur se mesure à son poids,
Romancier consolant, et fertile en promesses,
Soudain Cambon paraît, il compte nos richesses (7) ;
La messe supprimée, et les temples vendus,
Ce qu'on fera payer, ce qu'on ne paira plus ;
Des morts déshérités les créances éteintes,
L'impôt sur les malheurs, et l'impôt sur les craintes :
Alors on applaudit : les millions, les milliards,
En assignats nouveaux, pleuvent de toutes parts ;
Le crédit se ranime, et la douce Espérance
Sur son char de carton parcourt toute la France.

Le trépas même enfin, l'inflexible trépas,
Invoque l'Espérance, et n'en triomphe pas.
Que dis-je ? sur nos cœurs que ne peut sa puissance ?
Elle-même souvent révoque la sentence,
Et, d'un corps affaibli ranimant les ressorts,
Elle est, comme des cœurs, bienfaitrice des corps.

CHANT II.

Vous l'avez éprouvé, dans ces jours de prestiges (8)
Où Mesmer de son art déployait les prodiges :
Il avait renversé ces vases, ces mortiers,
Où l'on broyait des sucs trop souvent meurtriers;
Mais de l'heureux délire il nous versait la coupe.
De malades plus gais une docile troupe,
De cordons entourés, et des fers sur le sein,
En cercle environnait le magique bassin.
Peindrai-je le bonheur des cœurs qui sont ensemble,
Que le même besoin, le même vœu rassemble;
Ces liens fraternels, cette chaîne d'amour,
Où chacun communique et reçoit tour à tour;
Et l'électricité de ces mains caressantes,
Que le rapport des cœurs rend encor plus puissantes?
Non, la douce féerie et tous ses talismans
Ne pourraient s'égaler à ces enchantements.
Qu'on ne me vante pas la boite de Pandore;
Ce baquet merveilleux fut plus puissant encore :
Les maux n'en sortaient pas, l'espoir restait au fonds;
Autour, la douce erreur et les illusions :
Tous se félicitaient de leurs métamorphoses;
La vieille Eglé croyait voir renaître ses roses;
Le vieillard décrépit, se ranimant un peu,
D'un retour de santé menaçait son neveu.
Le jeune homme, à vingt ans ridé par la mollesse,
Se promettait encor quelques jours de jeunesse;
Moi-même j'espérais, rejetant mon bandeau,
Des yeux dignes de voir un spectacle si beau.

Mais quoi ! chez les Français est-il rien de durable ?
Mesmer courut ailleurs porter son art aimable.
Chaque malade, au fond de son appartement,
Tout seul, avec ses maux, s'enterra tristement;
Et, des remèdes vains implorant la puissance,
Il perdit le plus doux, en perdant l'espérance.

 Fondant sur l'avenir des droits non moins puissants,
La crainte y jette encor des regards plus perçants.
Salutaires tourments ! Le Créateur suprême
Ne peut à chaque instant nous garder par lui-même;
Et, quelque grand qu'il soit, ce maître universel
Ne devait point à l'homme un miracle éternel.
Mais, tandis qu'en nos cœurs l'espérance est empreinte,
Exprès à côté d'elle il a placé la crainte,
Sentinelle assidu, qui, devançant nos pas,
Court épier les maux que l'esprit ne voit pas ;
Et, nous avertissant des piéges qu'il redoute,
De la vie avec soin interroge la route.
La raison se réveille à son premier signal,
Et court ou prévenir, ou réparer le mal.
Ce sage instinct nous suit même dès la naissance :
Voyez l'enfant, sans art et sans expérience,
Attentif et tremblant former ses premiers pas,
Et, tout près de tomber, tendre ses faibles bras !
Ainsi sont opposés, dans la même balance,
Et la crainte ombrageuse, et la douce espérance.

 Mais je n'ai pas encor chanté tous leurs effets :
Tous deux ont leurs malheurs, ainsi que leurs bienfaits;

Souvent l'espoir précoce, en la montrant d'avance,
Par une longue attente use la jouissance,
Cueille la joie en fleurs, flétrit son fruit naissant,
Et souvent l'avenir nous vole le présent.
Je pense voir à table un imprudent convive,
Qui, long-temps dégoûté, contient sa faim oisive;
Et, toujours espérant des mets plus délicats,
Arrive, à jeun et dupe, à la fin du repas.
De la crainte, à son tour, les transes incertaines
Attristent les plaisirs et devancent les peines.
De là, vers l'avenir sombre et mystérieux,
Ces élans inquiets, cet instinct curieux :
Ainsi, pour pénétrer d'impénétrables voiles,
L'homme demande au ciel, il demande aux étoiles,
Ses malheurs, ses succès, ses plaisirs, ses douleurs.
Tantôt, sur des cartons de diverses couleurs,
Combinant le pouvoir des nombres, des figures,
Lit, dans de vains hasards, de grandes aventures.
Qu'une salière tombe, elle a dicté son sort;
Le cri de ce corbeau, c'est l'arrêt de sa mort;
Là, sont des talismans; là, des miroirs magiques;
Tantôt, l'œil attaché sur des mains prophétiques,
Il lit dans chaque trait un avenir certain,
Et la ligne fatale est la loi du destin.
Aux superstitions qui donna la naissance?
La crainte fanatique à la reconnaissance (9)
Arracha l'encensoir, et son culte odieux
Par le sang des humains sollicita les dieux.

Dirai-je enfin comment, dans leurs ardeurs brûlantes,
Des vives passions les fougues turbulentes
Viennent aiguillonner et la crainte et l'espoir,
Soit que sur nous la gloire exerce son pouvoir;
Soit que l'ambition, tyran des grandes âmes
De l'amour des grandeurs alimente les flammes;
Soit que, plus inquiète et plus avide encor,
S'allume dans un cœur l'ardente soif de l'or?

Pénétrez dans ce temple, où l'avide avarice
De l'aveugle hasard adore le caprice :
Voyez au dieu de l'or tous ces autels dressés
Recevoir des mortels les vœux intéressés.
L'or y brille aux regards, y résonne à l'oreille :
A ce bruit tout-puissant, l'avidité s'éveille;
Mais les cœurs ne sont pas troublés du même soin;
Là sont les vœux du luxe; ici, ceux du besoin.
Et, tandis qu'au hasard, arbitre des richesses,
L'un demande des chars, des bijoux, des maitresses,
L'autre, de ses enfants attendant le destin,
Déjà du désespoir tient l'arme dans sa main.
Immobiles, l'œil fixe, en un profond silence,
Tous, d'un regard brûlant, se dévorent d'avance.
Dans le cornet fatal le dez a retenti (19) :
Il s'agite, il prélude, il sort, il est sorti!
Tous les yeux, tous les cœurs s'élancent sur sa trace;
Il hésite, il balance, il promet, il menace;
Mais il s'arrête enfin : le sort a prononcé,
Et dans tous les regards son arrêt est tracé.

CHANT II.

Effroyables tableaux, où chaque front déploie
Ou sa douleur farouche, ou son horrible joie!
   Mais de nos sentiments, mais de nos passions
Celle qui se nourrit de plus d'illusions,
C'est l'amour. Ah! combien mon cœur le trouve à plaindre,
L'homme à qui ses malheurs donnent droit de le peindre!
Tout frissonnant encor de l'excès de ses maux,
Que de fois dans ses mains vont trembler ses pinceaux!
Tel, à peine échappé des fureurs de l'orage,
Le nautonier pâlit en contant son naufrage.
L'amour dans tous les cœurs fait entendre sa voix :
Mais qui dira combien et nos mœurs et nos lois,
Et de nos arts brillants la puissante magie,
De ce penchant terrible exaltent l'énergie?
Tel des rayons perdus dans le vague des cieux
Le verre ardent rassemble et redouble les feux.
Pour l'instinct effréné d'une horde sauvage,
L'amour est un éclair : chez nous, c'est un orage.
De tout ce qui fermente et bouillonne en nos cœurs
L'Imagination assemble les vapeurs :
La vanité, l'orgueil, l'espérance, la crainte,
Le regret, le désir; c'est l'airain de Corinthe,
Où, par un feu brûlant l'un dans l'autre fondus,
Tous les métaux roulaient et brillaient confondus;
C'est le volcan, où l'air, et l'onde, et le bitume,
Nourrissent à la fois le feu qui les consume.
L'amour lance de loin ses traits les plus puissants :
Il n'est pas renfermé dans l'empire des sens;

Il n'est pas dans l'alcôve obscure et parfumée
Où le baiser s'empreint sur la bouche enflammée :
Il est dans cette fête où, rencontrant leurs yeux,
Deux amants tout à coup s'étonnent de leurs feux,
Et, pleins d'une langueur ineffable et profonde,
Dans la foule et le bruit, ne sont plus qu'eux au monde ;
Il est aux bords déserts, où l'objet adoré,
Seul vu, seul entendu, seul craint, seul désiré,
Remplit chaque pensée ou de joie ou de peine,
Enflamme chaque sens et bat dans chaque veine;
Il est dans la retraite, où le cœur amoureux
Verse sur le papier le torrent de ses feux ;
Il veille à cette porte, où, seul, dans l'ombre humide,
L'amant, en palpitant, prête une oreille avide;
Heureux lorsque d'un pied posé timidement
Le bruit vient l'avertir du fortuné moment,
Et promettre à sa flamme une plus douce veille ;
Il est dans le réduit où la beauté sommeille,
Où, de loin l'adorant, et n'osant qu'admirer,
Il écoute son souffle et craint de respirer ;
Tandis que d'un beau corps l'inutile parure,
Ces perles, ces rubis, qu'ornait sa chevelure,
Ces ornements d'un bras arrondi par l'amour,
Ce corps où d'un beau sein le mobile contour
A ses impressions fit céder la balcine,
Excitent des transports qu'il ne contient qu'à peine ;
Et, la montrant sans voile à son brûlant désir,
Par cent plaisirs secrets devancent le plaisir (11).

CHANT II.

Je passe ces moments de turbulente ivresse
Où les sens règnent seuls, où l'illusion cesse.
Qu'en peignant des désirs l'impétueuse ardeur,
Lucrèce dans ses vers alarme la pudeur (12),
Et fasse des accents de l'obscène licence
Murmurer la sagesse et rougir l'innocence;
Pour le sage lecteur un coupable mépris
Jamais d'un vers impur n'a souillé mes écrits.
Je laisse donc couverts des ombres du mystère
Les traits dont s'effarouche une muse sévère.

Mais qui me décrira ces transports ravissants,
Ces délices du cœur, après celles des sens;
Ces doux ressouvenirs et ces tendres pensées
Par qui le cœur jouit des voluptés passées,
Et, rempli d'un bonheur qu'il savoure à loisir,
Consacre au sentiment le repos du plaisir?
Ah! celle qui produit, qui nourrit ce délire,
L'Imagination, peut seule le décrire.
L'Imagination, de ses chastes pinceaux,
Peut même à la pudeur en offrir les tableaux :
Avant les voluptés, l'amour vit d'espérance,
Et l'amour leur survit par la reconnaissance.
Le bienfait a toujours le droit de nous charmer.
Eh! quel plus grand bienfait que le bonheur d'aimer!

Voilà les plaisirs purs. Mais si la jalousie (13)
Allume au fond du cœur sa sombre frénésie,
Que je le plains! Autant qu'aux amours sans fureurs
L'illusion versait d'agréables erreurs,

Autant aux cœurs jaloux, qu'un noir poison consume,
Elle fait des douleurs épuiser l'amertume.
Ce n'est plus cette fée, appelant à ses jeux
Les fantômes brillants et les songes heureux ;
Ce n'est qu'une furie évoquant des lieux sombres,
Les spectres effrayants et les sinistres ombres.
Voyez-le, ce jouet, ce tyran de l'amour :
Le malheureux ! il craint et la nuit et le jour :
Le jour sert des regards l'audace téméraire,
Et la nuit peut voiler un odieux mystère.
Le concours des cités, leurs pompes et leurs jeux,
Tout nourrit, tout aigrit ses soupçons ombrageux.
Dans les champs, l'air, les eaux, les fleurs et le zéphire,
La forêt, le bosquet, tout contre lui conspire.
« Tous deux ils ont suivi ces sentiers écartés ;
La lune, il m'en souvient, retirait ses clartés :
Ces lieux étaient si beaux ! ce bocage si sombre ! »
Il part, il marche, il erre, il s'enfonce dans l'ombre.
Un feu noir et sinistre allume son regard,
Et son ami n'est pas à l'abri du poignard.
Que dis-je ! malheureux au sein du bonheur même,
Il jouit en tremblant de la beauté qu'il aime ;
Il rêve à ses côtés de rivaux et d'amants,
Et ses plaisirs troublés le rendent aux tourments :
Et si de son malheur l'assurance terrible
Jette au fond de son âme une lumière horrible,
Ah ! qu'il est malheureux, puisqu'il n'espère plus !
Comme il va regretter les maux qu'il a perdus !

Quelques plaisirs du moins adoucissaient ses peines;
La douleur aujourd'hui coule seule en ses veines.
C'est peu de son malheur : hélas! trop tôt détruit,
Plus cruel que ses maux, son bonheur le poursuit.
Ces jours délicieux, ces nuits enchanteresses,
Le nectar des baisers, le charme des caresses,
Des plus doux souvenirs font un poison rongeur :
Tel, sous un ciel ardent, lorsque le voyageur
Est brûlé par la soif, si dans sa longue course
Il vit un ruisseau pur, un beau lac, une source,
Qui, du fond des rochers, du sein des antres frais,
Tombe, écume, et s'enfuit sous un ombrage épais,
Il croit entendre encor cette eau bruyante et claire;
Il s'abreuve à longs traits de l'onde imaginaire...
Funeste illusion! trop vains enchantements!
Bientôt ce court plaisir se change en longs tourments;
Son regret s'en irrite, et des fraîches fontaines
L'onde en flots embrasés revient brûler ses veines.

 Sur les pertes du cœur nous pleurons chaque jour(14),
Mais quels regrets pareils aux regrets de l'amour!
J'ai chanté son pouvoir, ses plaisirs, ses prestiges;
J'en ai peint les effets : qui peindra ses prodiges?
Qui saura m'exprimer comment ses traits puissants
Trompent la mort, l'absence, et les lieux et les ans?

 Voyez-vous ce visage où d'une âme flétrie
Se peint la douloureuse et lente rêverie;
Qui, gai par intervalle, et souvent dans les pleurs,
Jusque dans son souris exprime ses douleurs?

D'un amant qui n'est plus amante infortunée,
Et par un long délire à l'espoir condamnée,
Elle l'attend toujours; elle croit que la mer
Lui retient cet objet à ses désirs si cher.
Dans les mêmes chemins, connus de sa tendresse,
Cet invincible espoir la ramène sans cesse.
Elle arrive... Son œil jette de toutes parts
Sur l'immense océan ses avides regards,
Elle demande aux flots si des rives lointaines
Le vent ramène enfin l'objet de tant de peines.
Rien ne paraît. « Allons! il reviendra demain »(15),
Se dit-elle... et reprend tristement son chemin.
Le lendemain arrive; elle vient dès l'aurore,
L'attend, soupire... et part... pour revenir encore:
Tant l'amour sait nourrir son triste enchantement!

Que dis-je! dans l'excès d'un fol engagement,
Même après le trépas l'amour voit ce qu'il pleure;
Il le voit, il l'entend, l'entretient à toute heure.
Oh! pour peindre un malheur si digne de mes chants,
Si je pouvais trouver des sons assez touchants,
De deux jeunes amants je dirais l'aventure.
Amour! toi qu'une fade et vulgaire peinture
Met toujours dans les ris, sur un trône de fleurs,
Pardon, si je te place en un lieu de douleurs;
Ah! si l'on y goûta tes plus pures délices,
Viens m'aider à les peindre. En l'un de ces hospices (16)
Dotés par les secours, et fondés par les mains
De ce pieux Vincent, bienfaiteur des humains,

Dont le modeste nom, digne de la mémoire,
De tous les conquérants anéantit la gloire,
Une aimable novice, à la fleur de ses ans,
Donnait aux malheureux des soins compatissants;
Les Grâces arrangeaient son simple habit de bure (17);
Les Grâces se plaisaient à sa simple coiffure.
Dans ses traits ingénus respirait la candeur;
Son front se colorait d'une aimable pudeur,
Tout en elle était calme; un sentiment modeste
Réglait son air, sa voix, son silence, son geste;
Ses yeux, d'où sa pensée à peine osait sortir,
N'exprimaient rien encore, et faisaient tout sentir.
On eût dit qu'en secret sa douce indifférence
D'un ascendant suprême attendait la puissance :
Tel ce chef-d'œuvre heureux de l'amour et des arts (18),
La jeune Galatée, enchantait les regards,
Lorsque essayant la vie et son âme naissante,
N'étant déjà plus marbre et pas encore amante,
Entr'ouvrant par degrés ses paupières au jour,
Pour achever de vivre elle attendait l'amour.

Ainsi, dans sa langueur doucement recueillie,
En une aimable paix reposait Azélie;
Ou, si son cœur s'ouvrait à quelque impression,
C'était de la bonté la tendre émotion
Qui, sur ce beau visage, où la grâce respire,
De la douce pitié répandait le sourire.

A l'ombre de ces murs, ignorant les humains,
Ce cœur si jeune encore ignorait les chagrins;

Cependant sur son front je ne sais quel nuage,
S'il n'en était l'effet, en semblait le présage :
On eût dit, à la voir, que l'instinct de son cœur,
Même avant le plaisir, devinait la douleur ;
Et les traits enchanteurs de la jeune Azélie
Devenaient plus touchants par sa mélancolie ;
Rien d'ailleurs ne troublait le calme de ses traits...
Ah ! puisse le malheur ne l'altérer jamais !

 Cependant le jour vint où cette âme si pure
Reçut profondément la première blessure.
Un jeune homme mourant à la fleur de ses jours,
Volnis (c'était son nom), sans amis, sans secours,
Dans ce pressant danger oubliant sa naissance,
Des charitables sœurs implora l'assistance.
Jamais rien de plus beau ne parut sous les cieux :
En longs et noirs anneaux s'assemblaient ses cheveux ;
Ses yeux noirs, pleins d'un feu que son mal dompte à peine,
Étincelaient encor sous deux sourcils d'ébène ;
Et son front noble et fier, où se peignait son cœur,
S'embellissait encor de sa douce pâleur.

 Tel, moissonné trop tôt, tombe et languit sur l'herbe
Ou le sombre hyacinthe, ou le pavot superbe (19) :
Tel meurt avant le temps, sur la terre couché,
Un lis que la charrue en passant a touché.

 Il fut reçu mourant dans le pieux hospice.
Des soins hospitaliers l'honorable exercice
Distinguait Azélie entre toutes les sœurs ;
Son devoir l'appela près du lit de douleurs.

CHANT II.

A leur premier abord leurs regards se cherchèrent :
A leurs premiers regards leurs cœurs se rencontrèrent !
Tant des rapports cachés le rapide ascendant
Sait allumer bientôt l'amour le plus ardent !
    Mais un respect timide, une pudeur secrète,
Renfermait dans leurs cœurs leur tendresse muette.
Du plaisir de se voir leurs yeux embarrassés,
Levés timidement, étaient soudain baissés.
Volnis s'appuyait-il sur le bras d'Azélie,
De quel trouble charmant elle était embellie !
Azélie épuisait tous ces soins délicats
Qui voudraient être vus, mais ne se montrent pas ;
En silence elle offrait, pour calmer sa souffrance,
Des secours que Volnis recevait en silence.
Mais que de fois l'amour qu'elle enferme en son sein
Faisait trembler la coupe en sa timide main !
Offerts par cette main que lui-même eût choisie,
Les sucs les plus amers lui semblaient l'ambroisie ;
Offerts par d'autres soins, pour son corps abattu
Les sucs les plus puissants demeuraient sans vertu.
Quels siècles s'écoulaient dans les moments d'absence !
Quel doux tressaillement annonçait sa présence !
Dans ses nuits sans sommeil, dans ses jours sans repos,
La voir ou l'espérer adoucissait ses maux.
Souvent, pour prolonger une si chère vue,
Il eût voulu nourrir le poison qui le tue ;
Et, rendant en secret grâces à sa langueur,
Des remèdes trop prompts implorait la lenteur.

Tout à coup, transporté de joie et d'espérance,
Il conçoit un projet qui l'enivre d'avance.
　A peine relevé de ce lit douloureux,
Son œil osa fixer Azélie et les cieux :
« O fille vertueuse ! ô mon dieu tutélaire !
Dit-il avec transport, que sert un vain mystère ?
Nos feux se sont trahis ; et ces feux innocents
Ne sont pas, tu le sais, le délire des sens ;
Formés dans la douleur, nourris dans la souffrance,
Ils s'épurent encor par la reconnaissance.
C'est par toi que je vis, daigne vivre pour moi ;
Ne me fais pas haïr des jours sauvés par toi.
D'un amour malheureux trop malheureuse fille,
Tu n'as, on me l'a dit, ni parents ni famille ;
Eh bien ! ces sentiments qu'eût partagés ton cœur,
Sur moi seul réunis feront mieux mon bonheur.
Je suis libre, tu l'es : viens, ma chère Azélie,
Viens, je veux te devoir le bonheur et la vie. »
　Tel qu'un foible arbrisseau, dans la serre nourri,
Ne quitte qu'à regret son doux et sûr abri ;
En vain d'un ciel brillant la liberté l'appelle :
Timide, il craint les vents et leur souffle infidèle.
Ainsi, les yeux baissés, rougissant de pudeur,
Azélie, en pleurant, accepta son bonheur.
Les beaux jours renaissaient, la terre était plus belle ;
Le fortuné Volnis s'embellissait comme elle,
Et goûtait, retiré dans un riant séjour,
Le repos, la santé, le printemps et l'amour.

CHANT II.

Que renaître au printemps est un charme suprême !
Mais combien les beaux jours sont plus beaux quand on aime !
Tous deux savaient jouir de ces charmes touchants :
Le véritable amour se plaît toujours aux champs.
« Vois-tu, disait Volnis, ces fleurs, cette verdure ?
Du ruisseau libre enfin entends-tu le murmure ?
Tout renaît au printemps, tout se ranime ; et moi,
Dans mes beaux jours, hélas ! j'étais flétri sans toi. »
   Il disait ; et tous deux mêlant leurs douces larmes,
De la nature ensemble ils goûtaient mieux les charmes.
Hâtez-vous, couple heureux, hâtez-vous de jouir !
Ces boutons, que l'aurore a vus s'épanouir,
Peut-être avant le soir vont céder à l'orage :
Ah ! que de vos destins ils ne soient point l'image !
Vains souhaits ! Azélie, au milieu du bonheur,
N'avait pas vainement pressenti le malheur.
Des parents, qu'illustrait le nom de leurs ancêtres,
Visitèrent Volnis dans ces réduits champêtres.
Azélie essuya leur superbe dédain,
Et son cœur en conçut un noir et long chagrin ;
Non que sa vanité, secrètement blessée,
Ne sût pas d'un dédain supporter la pensée ;
Mais de ce cœur si pur le noble sentiment
Se reprochait d'avoir dégradé son amant :
Le cœur voudrait toujours ennoblir ce qu'il aime.
Azélie enferma son désespoir extrême ;
Et Volnis de ce cœur sensible, mais discret,
S'efforça vainement d'arracher le secret.

Mais un jour qu'ils passaient, rêveurs et solitaires,
Dans un salon rempli des portraits de ses pères,
L'esprit déjà frappé, d'un accent plein d'effroi,
« Les voyez-vous ? dit-elle ; ils ont honte de moi ! »
 Elle dit, et s'enfuit au fond de sa retraite ;
Dès lors rien ne calma sa tristesse secrète ;
Dès lors son tendre époux, de moment en moment,
Vit se décolorer ce visage charmant ;
Et, malgré ses secours, des âmes la plus belle
S'exhala doucement de ce corps digne d'elle,
Comme au gré d'un feu pur s'exhale vers les cieux
D'un beau vase d'albâtre un parfum précieux.

 Pour pleurer tant d'amour, de vertus et de charmes,
Le malheureux Volnis a-t-il assez de larmes ?
Non : il ne pleure pas ; mais son cœur éperdu
Voit toujours, ou croit voir l'objet qu'il a perdu.
Il le voit, il l'entend, il poursuit son image.
Tantôt il l'entrevoit à travers un nuage ;
Tantôt, comme au retour d'un voyage lointain :
« O charme de mon cœur ! je te retrouve enfin !
Pourquoi m'as-tu privé de ta douce présence ?
Dieu ! combien j'ai souffert pendant ta longue absence ! »
Tantôt, dans son délire, heureux de revenir
Vers ce lit de douleur, plein d'un doux souvenir ;
Il croit se voir soigner par l'objet qu'il adore ;
Vers cet objet charmant sa main s'étend encore.
Tantôt au bord des eaux, dans les bois, dans les lieux
Que tous deux parcouraient, qu'ils chérissaient tous deux,

CHANT II.

Il croit la voir encore embellir ces campagnes;
Souvent il la demande à ses jeunes compagnes;
Les fleurs qu'elle élevait frappent-elles ses yeux :
« Donnez, qu'à son réveil j'en pare ses cheveux. »
Tantôt de son hymen il préparait la fête;
La couronne de rose et la pompe était prête.
Malheureux! lui rendant tout a coup sa douleur,
L'affreuse vérité retombait sur son cœur.
Alors son œil troublé ne voyait que ténèbres,
Que crêpes, que linceuls et que torches funèbres
Il marchait, s'asseyait, se levait sans dessein,
Commençait un discours, l'interrompait soudain.
A force de douleurs, quelquefois plus tranquille,
Un long accablement le tenait immobile :
Tels qu'on voit, enchaînés dans leur triste repos,
Ces simulacres vains pleurant sur des tombeaux.
Mais toujours il voyait cette image si chère :
Vainement l'amitié tâcha de le distraire;
Lorsqu'un hasard heureux, que l'on n'eût pu prévoir
D'adoucir ses malheurs fit naître quelque espoir.

Une jeune beauté d'une grâce accomplie,
Dieux! comment pûtes-vous faire une autre Azélie?
De celle qui n'est plus intéressant portrait,
De cet objet charmant rappelait chaque trait.
C'était son doux maintien, son aimable indolence,
Le charme de sa voix, celui de son silence;
On croyait voir son air, son visage, ses yeux,
Deux gouttes de rosée ou du nectar des dieux,

Deux matins du printemps, deux des plus fraiches roses,
Sur une même tige, à la même heure écloses,
Se ressembleraient moins. Par ce nouvel objet,
De distraire son cœur on forme le projet :
Heureux, si cette aimable et douce ressemblance
Pouvait de sa douleur tromper la violence !
Sous un voile d'abord on cache ses attraits ;
Il vient : le voile tombe et laisse voir ses traits ;
Il tressaille à sa vue, et d'un regard avide
Il la fixe en gardant un silence stupide ;
Puis, égaré de joie, et de crainte, et d'amour,
Son œil sur deux objets semble errer tour à tour ;
Enfin, jetant un cri : » Mes amis, quel prestige !
Elles sont deux. « L'Amour avait fait ce prodige ;
L'Amour montrait de même à ses yeux éperdus
Et celle qui respire, et celle qui n'est plus :
Tant, avec ce penchant toujours d'intelligence,[20]
L'Imagination lui prête de puissance !

———

NOTES
DU CHANT DEUXIÈME.

(¹) Heureux, disait Virgile, heureux l'esprit sublime
Qui peut de la nature approfondir l'abîme.

Virgile, dont ces vers nous rappellent un des plus beaux passages (*Géorg.*, II, v. 490), était loin de croire que la philosophie et les sciences ne fussent pas du domaine de la poésie, et que l'art des vers dût se borner à peindre les passions dans l'épopée et dans les ouvrages dramatiques. Il est aisé de reconnaître, en l'étudiant bien, qu'il avait un penchant naturel pour la poésie morale et philosophique. Avec un génie plus heureux, un talent plus flexible, un goût beaucoup plus pur que Lucrèce, il ne condamnait point le genre que ce poëte avait choisi : ce genre n'est rien moins que nouveau; les plus beaux ouvrages qu'il ait produits viennent des anciens, et n'appartiennent point, comme on a paru le croire, à des époques de décadence: Hésiode, Lucrèce, Ovide, en sont les auteurs. Mais le titre de *poëme descriptif* est tout-à-fait moderne, et n'en est pas plus exact.

Les critiques, à qui ce genre déplait, le condamnent, disent-ils, parce qu'il n'offre ni action générale ni peinture des passions. Ils n'y voient qu'une suite éternelle de descriptions, sans mouvement et sans intérêt. Cependant les mêmes critiques font grâce aux poëmes didactiques, et daignent en compter quelques-uns parmi les monuments de l'art, en faveur des épisodes, qui réunissent le double intérêt de l'action et des passions. Mais les poëmes si improprement appelés *descriptifs* n'ont-ils pas le même avantage ? Les épisodes, soit historiques, soit d'invention, ne font-ils pas disparaître la monotonie des descriptions, comme ils fécondent l'aridité des préceptes ? Il y a plus, ces poëmes offrent souvent une suite d'actions particulières, qui tiennent au fond du sujet ou qui s'y rattachent : les *Métamorphoses d'Ovide* sont une foule de scènes épisodiques, qu'un fil ingénieux rassemble, plutôt qu'il ne les enchaîne; et dans ce genre, comme dans tous les autres, le poëte peut faire agir plus ou moins heureusement les passions, suivant la finesse de son goût et la fécondité de son talent. Il n'existe, je crois, dans aucune langue et dans aucun pays, un poëme estimé, qui soit une suite non interrompue de descriptions et de préceptes, de peintures et de leçons : celui de Lucrèce, regardé depuis dix-huit siècles, chez tous les peuples qui cultivent les arts de l'esprit, comme un très-beau monument de génie poétique, est peut-être celui de tous qui présente le plus de tableaux et le moins d'action.

Pourquoi donc ces aristarques souverains, qui prononcent avec tant de confiance sur les limites des genres et les productions du génie, refusent-ils aux poëmes nommés *descriptifs* l'estime qu'ils affectent d'accorder aux poëmes didactiques? Par quels motifs secrets veulent-ils établir tant de différence entre deux genres qui se touchent, et qui ont à peu près les mêmes avantages et les mêmes inconvénients? C'est qu'on n'aime point, en général, les réputations contemporaines ; elles ont quelque chose de trop gênant, de trop importun pour les médiocrités jalouses, qu'elles éclipsent, quand elles ne les écrasent pas tout-à-fait. Il y a long-temps qu'Horace a dit cela pour la première fois :

Urit enim fulgore suo, qui præravat artes
Infra se positas.

Qui ne sait, d'ailleurs, par qui et comment étaient dirigées les critiques indirectement renouvelées contre Delille, à l'apparition de chacun de ses ouvrages? Leur motif eût suffi pour les faire apprécier.

(2) Mais si l'Aï, l'Arbois, ou le Bordeaux manquait,
. Si les plats clair-semés se fuyaient sur la table, .
Elle contait...

Cette anecdote a été souvent racontée, et l'on attribue ce charme de conversation à plusieurs femmes célèbres, notamment à madame de Maintenon. Elle n'était encore que madame Scarron, et sa maison était le rendez-vous de ce que la cour et la ville avaient de plus aimable et de plus distingué. Le duc de Vivonne, les comtes de Grammont et de Coligni, Charleval, Pélisson, Hesnault, Marigny, s'y réunissaient; les dîners de madame Scarron, malgré leur simplicité presque frugale, étaient cités dans Paris; elle y racontait des anecdotes avec tant d'esprit et d'intérêt, que l'appétit et l'attention des convives étaient, pour ainsi dire, enchaînés. On assure que son maître d'hôtel lui dit un jour à l'oreille : *Madame, encore une histoire, le rôt nous manque.*

(³) Oserai-je conter l'épouvantable histoire
Dont Pérouse, en tremblant, garde encor la mémoire?

L'histoire ne fait aucune mention du trait que Delille raconte ici. Mais elle offre beaucoup de semblables exemples de vengeances implacables. Les querelles des Guelfes et des Gibelins, les discordes entre les villes voisines, les haines héréditaires de familles y remplissent les annales du moyen âge, de crimes atroces, enfantés par des passions ardentes, qu'exaltait encore la chaleur du climat. Quelques-unes de ces aventures funestes ont fourni à la poésie des tableaux d'une effrayante beauté : telle est celle du comte Ugolin, au trente-troisième chant du Dante, et celle des Capulet et des Montaigu, qui a produit la tragédie de *Roméo et Juliette*. D'ailleurs, Pérouse ayant été souvent, comme les autres villes d'Italie, déchirée par des factions rivales, notre poëte est suffisamment justifié d'y avoir placé cette scène horrible.

L'auteur d'un voyage intéressant à Constantinople et en Sicile raconte un trait à peu près semblable. « Un Sicilien fut assassiné ; le frère du mort jura de le venger : le meurtrier prit la fuite. Son ennemi commença dès lors, sans affectation, à se rendre plus assidu aux églises, plus fidèle aux devoirs extérieurs de la religion. Peu à peu sa dévotion fut remarquée. On s'aperçut, avec édification, de ses aumônes, de son recueillement et de sa vie exemplaire. On le vit communier tous les mois, toutes les semaines, enfin tous les jours. Pendant trois ans, il fut sans cesse aux pieds des autels ; les moins crédules étaient touchés de son changement. Enfin un ami du meurtrier crut pouvoir lui écrire qu'il n'avait rien à craindre, que son ennemi ne pensait qu'à faire son salut. D'après des assurances pareilles, l'homme revient dans la ville. Le perfide ne l'a pas plus tôt vu et reconnu, qu'il fond sur lui en s'écriant : *Traître, tu m'as fait avaler un boisseau d'hosties* ; et il le poignarde. »

(4) Il frappe, il entre, etc.

On peut ajouter, à ce trait d'une vengeance aussi horriblement préméditée, celle du féroce San-Pietro, ce capitaine corse, qui, devenu fameux d'abord par ses services militaires sous les règnes de François Ier, Henri II et Charles IX, souilla la fin de sa carrière par des traits multipliés de perfidie et de cruauté. On cite entre autres le suivant. Sa femme, la belle Vanina d'Ornano, ayant formé la courageuse résolution d'aller demander aux Génois la grâce de son mari, déclaré rebelle, et dont la tête avait été mise à prix, ce

monstre jura de laver dans le sang de cette infortunée ce qu'il appelait une injure faite à son nom.
Vanina, qui le connaissait, n'attendait plus que la
mort, lorsqu'il se présente un jour devant elle, le
chapeau à la main, lui demande pardon de son
emportement, se relève, l'embrasse tendrement...
et l'étrangle en même temps. Il périt lui-même peu
de temps après, victime de la perfidie dont il
avait donné tant d'exemples ; il fut lâchement
assassiné par un de ses capitaines.

(5) *Tiens, traître, tiens, voilà,* etc.

Il n'y a qu'un moment, Delille laissait échapper
de son cœur attendri des accents dignes de la muse
de Racine ; il se montre tout à coup le rival du
terrible Dante. Assurément le chantre d'Ugolin
n'eût pas désavoué la sombre énergie de ces beaux
vers. Mais ce qu'il faut encore plus admirer dans
le morceau tout entier, c'est l'art du poëte : d'a-
bord, rien de plus habilement ménagé que son
passage presque subit de la peinture des plus
doux penchants à celle des passions les plus terribles ; ensuite voyez avec quelle vérité il nous
représente les affreux projets, les serments sacriléges d'une haine long-temps concentrée dans un
cœur ulcéré, pour nous montrer enfin, plus effrayante que l'Alecton de Virgile devant Turnus,
la vengeance qui s'élance du pied des autels sur
la victime dévouée à sa rage.

(6) *Tel que ce double dieu, Janus aux deux visages,*
   De son double regard embrassant les deux âges,

> Regardait d'un côté le siècle vieillissant,
> De l'autre se tournait vers le siècle naissant...

Janus, l'un des plus anciens rois d'Italie, rendit ses peuples tellement heureux par ses vertus et sa sagesse, que les poëtes ont feint que Saturne, chassé du ciel, se réfugia dans le Latium, et y apporta l'âge d'or. C'est Numa qui institua le culte de Janus. On le représentait avec deux visages, emblème allégorique de la prudence, qui, cherchant toujours dans l'histoire du passé des leçons pour l'avenir, semble embrasser les deux âges. On donnait aussi le nom de Janus au premier mois du calendrier romain, parce qu'il regarde, pour ainsi dire en même temps, l'année qui finit et celle qui commence.

(7) Romancier consolant et fertile en promesses,
Soudain Cambon paraît....

Les Français ont éprouvé deux fois, dans le même siècle, les tristes résultats de cette confiance téméraire et de ces richesses fictives, dont l'abus est toujours l'avant-coureur d'une misère certaine : mais la vogue des billets de Law, hypothéqués sur les trésors de Mississipi, atteste l'empire de l'imagination, plus que les assignats de Cambon, dont le crédit n'était soutenu que par les échafauds : on connaît le mot de Barère. Cambon, d'ailleurs, n'était pas l'inventeur de ce dangereux système ; il ne fit que le suivre et l'exagérer. Ses rapports sur les finances étaient sans doute des romans ; mais l'espérance et l'imagination n'adoptaient point des calculs, et l'on n'oubliera de long-temps les arguments énergiques dont il se servait pour les appuyer.

(⁸) Vous l'avez éprouvé, dans ces jours de prestiges,
  Où Mesmer de son art déployait les prodiges.

« Que l'on se figure, dit le savant et spirituel auteur de l'article *Mesmer* (*), un appartement élégamment orné, et au milieu une cuve couverte, d'où partent un grand nombre de cordes et de tiges de fer disposées de manière à pouvoir être tournées et dirigées en tout sens : autour de ce *baquet*, car c'est ainsi qu'on l'appelait, étaient rangés les malades, parmi lesquels on n'en admettait aucun dont les infirmités fussent d'une nature repoussante, ou même désagréable pour les spectateurs. On passait une des cordes du baquet autour du corps de chacun d'eux, et on leur faisait prendre aussi à la main une des tiges métalliques, pour la tenir appliquée sur la partie souffrante. De temps en temps ils quittaient ces tiges, et ceux qui s'avoisinaient se touchaient mutuellement par les doigts : cela s'appelait former *la chaîne*. Au mystère de cet appareil se joignaient toutes les séductions qui peuvent agir sur l'imagination et les sens : la musique, les parfums, et jusqu'à l'espèce de sécurité que donne la clarté douteuse d'un demi-jour heureusement ménagé.

» ... L'enthousiasme public pour ces réunions,

(*) *Biographie universelle*, tome XXVIII, page 413 et suivantes. Cet article est de M. Biot.

et, à ce que l'on assure, les désordres nombreux qui les accompagnaient, déterminèrent enfin le gouvernement à faire examiner la doctrine et l'emploi du *magnétisme animal*, par une commission composée de quatre médecins et de cinq membres de l'Académie des Sciences. Le rapport qui fut fait par Bailly est un chef-d'œuvre de raison et de saine philosophie, en même temps qu'il est un modèle d'élégance et de fermeté dans le style. Peu de temps après, la Société royale de Médecine fit aussi un rapport, dont les conclusions étaient pareilles à celle des commissaires de l'Académie. Plus de vingt mille exemplaires de ces rapports furent imprimés par ordre du gouvernement, et répandus en France ainsi que dans les pays étrangers. On peut dire que ce coup tua Mesmer et sa doctrine. Il alla d'abord vivre quelque temps en Angleterre, sous un nom supposé, puis il se retira en Allemagne; et cet homme, qui avait un moment occupé l'Europe, mourut ignoré en 1815, à Mersbourg, en Souabe, sa ville natale, âgé de soixante et onze ans. »

(9) La Crainte fanatique à la Reconnaissance
   Arracha l'encensoir, et son culte odieux
   Par le sang des humains sollicita les dieux.

Dans presque toutes les religions anciennes, et dans celles qu'on a trouvées chez les peuples du Nouveau-Monde, le fanatisme et la superstition sacrifiaient des victimes humaines. Les hommes, abandonnés aux lumières de leur faible raison, croyaient voir dans le contraste du bien et du mal physique l'existence de deux principes également puissants ; et, comme le dit très-bien Delille, la Crainte arrachait l'encensoir à la Reconnaissance. Il était réservé à la religion chrétienne d'abolir sans retour ce culte sanguinaire, en nous montrant le génie du mal enchaîné sous la main d'un Dieu juste et bienfaisant. Cette vérité révélée est le fondement de la morale la plus pure et de la loi la plus sublime qui ait jamais été donnée aux hommes : elle leur apprend, d'un côté, que la grandeur, la force, l'élévation, et même l'intervention d'une nature divine, ne peuvent empêcher le châtiment du coupable ; et de l'autre, elle leur enseigne que le seul Dieu véritable est celui qu'ils peuvent honorer par des vertus et apaiser par le repentir.

(10) Dans le cornet fatal le dez a retenti ;
Il s'agite, il prélude, il sort, il est sorti !
Tous les yeux, tous les cœurs s'élancent sur sa trace ;
Il hésite, il balance, il promet, il menace ;
Mais il s'arrête enfin : le sort a prononcé,
Et dans tous les regards son arrêt est tracé.

On trouve dans l'*Homme des champs* une peinture qui semble ne différer de celle-ci que par le cadre où elle est placée. Il s'agit des jeux qui remplissent une soirée d'hiver à la campagne, et notamment du trictrac.

. . . . Par la crainte et l'espoir,
Battu, chassé, repris, de sa prison sonore,

Le dez avec fracas part, rentre, part encore,
Il court, roule, s'abat, le nombre a prononcé.

Ces deux tableaux paraissent les mêmes au premier coup d'œil; il y a cependant une différence essentielle. Dans l'*Homme des champs*, l'auteur peint des plaisirs innocents comme les mœurs de la campagne. Tout est calme et doux; les passions ne sont pas même légèrement émues; et s'il parle de la *crainte* et de l'*espoir*, on voit que ce n'est que pour intéresser le lecteur au jeu qu'il décrit: aussi ne s'attache-t-il qu'à la partie physique; et dans l'harmonie imitative de ses vers, on n'écoute que le bruit du dé qui s'agite dans le cornet. Ici, au contraire, on croit entendre les imprécations et les cris de joie: toutes les passions sont en mouvement; les attitudes opposées, les sentiments secrets, la cupidité, l'avarice, l'effroi, les besoins du luxe et ceux de la misère, tout est peint des couleurs les plus vives et les plus fidèles. L'imagination est effrayée de ce que l'œil des joueurs va lire sur le dé fatal. Si l'auteur avait placé ce tableau dans l'*Homme des champs*, il eût transporté à la campagne les vices et les maux de la ville; si, dans l'*Imagination*, il avait rendu les détails techniques avec le même soin, on eût oublié peut-être les tourments de l'âme et le tumulte des passions. Il y a, dans les sujets qui paraissent les plus semblables, une foule de différences qui ne peuvent être marquées et saisies que par un goût sûr et délicat. Il serait aisé de multiplier les remarques de ce genre; mais une seule suffit à ceux qui se connaissent en vers, et qui savent que la première loi des grands écrivains, c'est d'observer les convenances de leur sujet.

(11) *Par cent plaisirs secrets devancent le plaisir.*

Le comble du triomphe serait, pour les vers de Delille, de soutenir victorieusement ici la plus redoutable des comparaisons, avec la prose brûlante de Rousseau ; celui du bonheur, est de ne pas trop rester au-dessous. Le lecteur, curieux de ces sortes de parallèles, peut rapprocher de ce beau morceau la lettre LIV, Partie Ire de la *Nouvelle Héloïse*.

(12) *Lucrèce dans ses vers alarme la pudeur.*

Ce reproche d'obscénité fait à Lucrèce depuis long-temps, et reproduit ici par Delille, a été, ce me semble, assez ingénieusement réfuté par l'élégant traducteur en vers de ce poëte, M. de Pongerville. « Ses détracteurs, sans doute, ne l'avaient pas compris, dit-il, ou ils ignoraient que l'obscénité n'est pas dans la théorie du mécanisme des organes consacrés à la génération, mais seulement dans les images séduisantes qui font chérie la volupté, et enflamment l'imagination par des prestiges qui embellissent des objets pernicieux. » (*Note 32 du chant* IVe.)

(13) *Voilà les plaisirs purs : mais si la jalousie, etc.*

Tout ce morceau sur la jalousie paraît emprunté de l'admirable épisode qui termine le chant du Printemps, dans le poëme des *Saisons* de Thompson.

> But thro' the heart
> Should jealousy its venom once diffuse,
> Tis then delightful misery no more,
> But agony unmix'd, incessant gall,
> Corroding every thought, and blasting all
> Love's paradise, etc.

Mais ici, comme dans tout ce qu'il imite, Delille prend sur son modèle l'autorité du génie, et il imprime à ses imitations un caractère tellement nouveau, que l'on oublie volontiers l'original, pour ne voir et n'admirer que la copie.

(14) Sur les pertes du cœur nous pleurons chaque jour;
Mais quels regrets pareils aux regrets de l'amour!

Plusieurs vers de ce morceau sont imités de Lucrèce; mais le poëte latin, d'ailleurs admirable dans la peinture qu'il fait de l'amour physique, diffère essentiellement du poëte français, qui n'a considéré l'amour que dans ses rapports avec l'imagination. L'un peint avec une chaleur contagieuse la fureur et l'ivresse d'un âge impatient de jouissances, et le délire tumultueux de ses jeunes sens; l'autre commence par observer combien, dans nos sociétés brillantes et corrompues, les lois, les mœurs et les arts ajoutent à l'énergie de l'amour; il s'attache à montrer combien l'amour-propre, la vanité, l'ambition, l'espérance, la crainte, la jalousie, lui donnent d'activité, de charmes et de tourments. Si la prose la plus élégante pouvait être comparée à de beaux vers, je citerais, après le tableau tracé par Delille, le commencement d'une *Nouvelle historique*, où les mêmes idées sont développées avec beaucoup d'esprit et de vérité. C'est l'ouvrage d'une femme, qui joint, à cette finesse de vues, de sentiments et d'observations qui caractérise son sexe, un style dont la justesse et la vérité feraient honneur à l'homme du goût le plus sûr et du talent le plus distingué. « Ce n'est pas, dit-elle, loin des cités fastueuses, ce n'est point dans la solitude et sous le chaume que l'amour règne avec le plus d'empire; il aime l'éclat et le bruit; il s'exhale de tout ce qui satisfait l'ambition, la louange, la pompe et la grandeur. C'est au milieu des passions factices, produites par l'orgueil et l'imagination; c'est dans les palais; c'est entouré des plus brillantes illusions de la vie, qu'il naît avec promptitude et qu'il s'accroît avec violence; c'est là que la délicatesse et tous les raffinements du goût président à ses fêtes, et donnent à son langage passionné des grâces inimitables et une séduction trop souvent irrésistible. — J'ai vécu sur les bords heureux que la Loire baigne et fertilise. Dans ces belles campagnes, dans ces bocages formés par la nature, l'amour n'a laissé que des traces légères, des monuments fragiles comme lui : quelques chiffres grossièrement ébauchés sur l'écorce des ormeaux, et pour traditions quelques romances rustiques, plus naïves que touchantes. L'amour seulement a plané sur ces champs solitaires : mais c'est dans les jardins d'Armide ou de Chantilly qu'il s'arrête; c'est là qu'il choisit ses adorateurs, qu'il marque ses victimes, et qu'il signale son funeste pouvoir par des faits éclatants recueillis par l'histoire, et transmis d'âge en âge (*). »

Quoique cette peinture ressemble beaucoup au tableau tracé par Delille, il ne peut exister ici aucun soupçon d'imitation. Le même objet, considéré sous le même point de vue, a fait naître les mêmes idées et les mêmes observations.

(15) Rien ne paraît. « Allons ! il reviendra demain »,
Se dit-elle... et reprend tristement son chemin.

Parmi plusieurs exemples de ce genre, on se rappelle avec attendrissement celui d'une jeune infortunée, un moment célèbre sous le nom de la *folle de Caux*. Elle a été mise au théâtre, avec les changements qu'exige notre scène dramatique, dans l'opéra de *Nina*. On attribue à J.-J. Rousseau une romance touchante sur le même sujet.

(16) . . . . En l'un de ces hospices,
Dotés par les secours, et fondés par les mains
De ce pieux Vincent, bienfaiteur des humains,
Dont le modeste nom, digne de la mémoire,
De tous les conquérants anéantit la gloire...

L'histoire moderne de la religion, dit le cardinal Maury, ne fournit pas de plus beau sujet de panégyrique que la vie de saint Vincent de Paule, homme d'une sublime vertu et d'une assez médiocre renommée, le meilleur citoyen que la France ait eu, l'apôtre de l'humanité, qui, après

(*) Mademoiselle de Clermont, *Nouvelle historique*.

avoir été berger pendant son enfance, a laissé dans sa patrie des établissements plus utiles aux malheureux que les plus beaux monuments de Louis XIV, son souverain. — Il fut successivement esclave à Tunis, précepteur du cardinal de Retz, curé de village, aumônier-général des galères, principal de collége, chef des missions, et adjoint au ministère de la feuille des bénéfices. Il institua en France les séminaires, les Lazaristes, les *Filles de la charité*, qui se dévouent au soulagement des malheureux, et qui ne changent presque jamais d'état, quoique leurs vœux ne les lient que pour un an; il fonda des hôpitaux pour les enfants trouvés, pour les orphelins, pour les fous, pour les forçats et pour les vieillards. Sa généreuse commisération s'étendit sur toutes les espèces de malheur dont l'espèce humaine est accablée, et on trouve des monuments de sa bienfaisance dans toutes les provinces du royaume. Quand on lit sa vie, on voit que rien n'honore plus la religion que l'histoire des établissements faits en faveur de l'humanité, parce que l'humanité en est redevable aux ministres des autels. Tandis que les souverains, armés les uns contre les autres, ravageaient la terre déjà dévastée par d'autres fléaux, le fils d'un laboureur de Gascogne, saint Vincent de Paule, réparait les calamités publiques, et répandait plus de vingt millions en Champagne, en Picardie, en Lorraine, en Artois, où les habitants mouraient de faim, par villages entiers, et restaient ensuite dans les campagnes sans sépulture, jusqu'au moment où Vincent de Paule se chargea d'en payer les frais. (Ces prodiges de l'héroïsme chrétien ont été renouvelés de nos jours, par cette vénérable sœur Marthe, qui n'avait, pour les opérer, d'autres moyens que la Providence, d'autres secours que la charité et la religion.) Vincent de Paule exerça pendant quelque temps un ministère de zèle et de charité sur les galères. Il vit un jour un malheureux forçat qui avait été condamné à trois années de captivité pour avoir fait la contrebande, et qui paraissait inconsolable d'avoir laissé dans la plus extrême misère sa femme et ses enfants. Vincent de Paule, vivement touché de sa situation, offrit de se mettre à sa place, et, ce qu'on aura peine sans doute à concevoir, l'échange fut accepté. Cet homme vertueux fut enchaîné dans la chiourme des galériens, et ses pieds restèrent enflés pendant le reste de sa vie du poids de ces fers honorables qu'il avait portés.... Voilà l'homme qui ne jouit presque d'aucune réputation en Europe! le voilà, cet homme qui, au jugement de ses ennemis, n'eut que du zèle sans talents! Sa vie fut un tissu de bonnes œuvres dont nous jouissons encore. Il vécut jusqu'à l'âge de quatre-vingt-cinq ans. Il étoit fort assoupi le jour de sa mort : un de ses amis lui ayant demandé la cause de ce sommeil continuel, il répondit en souriant : *C'est le frère qui vient en attendant la sœur.* Jamais homme n'a mieux pardonné à la nature la nécessité de mourir. Le malheur de saint Vincent de Paule, si c'en est un d'être peu loué et même peu connu, son malheur fut de n'être point célébré au moment de sa mort, en 1661, par cet éloquent Bossuet, qui immortalisait tous ses héros, et qui, dans le même temps, composait des oraisons funèbres sur des sujets beaucoup moins dignes de son génie : mais la gloire d'un éloge public est due à ses vertus, et l'orateur qui saura le présenter dignement à l'admiration et à la reconnaissance de ses concitoyens, aura bien mérité de la patrie. » Les vers de Delille sont un nouvel hommage offert à la mémoire de saint Vincent de Paule, et la religion, qui, en lui décernant l'immortelle couronne de la vertu, l'expose dans ses temples à la vénération des fidèles, a dignement acquitté la dette de l'humanité.

(17) Les Grâces arrangeaient son simple habit de bure,
Les Grâces se plaisaient à sa simple coiffure.
Dans ses traits ingénus respirait la candeur;
Son front se colorait d'une aimable pudeur, etc.

Je ne puis me défendre de montrer encore ici aux lecteurs la marche savante du poëte, et son talent à soutenir l'attention pas les oppositions, comme à suivre dans ses tableaux une progression qui accroît l'intérêt jusqu'au dernier moment, et arrête l'âme du lecteur sur la scène qui doit lui laisser les plus touchants souvenirs.

Nous avons passé du baquet magique de Mesmer aux sombres illusions de la crainte, mère de la superstition qui déshonore le culte que l'amour, la raison et la reconnaissance doivent à la Divinité.

A cette peinture succède celle de la soif de l'or, aliment de la funeste passion du jeu, dont la joie est presque aussi horrible que le désespoir. A côté de cette passion, qui fait du cœur de l'homme un volcan toujours prêt à lancer des flammes, l'auteur place les orages excités dans nos sociétés modernes par le penchant terrible qui entraîne un sexe vers l'autre : là sont exprimées en vers célestes les délices du cœur et celles des sens; ensuite le poëte suscite la jalousie qui corrompt les plaisirs de l'amour, et change les plus douces jouissances en mortels poisons. Au sujet des traces profondes que la jalousie laisse dans nos cœurs, le poëte a créé une comparaison admirable, et qui me rappelle que je n'ai pas fait remarquer à mes lecteurs toute la richesse du talent de Delille dans ce genre d'ornements qu'il a semés avec toute la profusion d'un véritable poëte. Il nous avait enchantés par la magique peinture des transports des amants heureux, il vient nous attrister par le tableau déchirant des angoisses qui les surprennent au milieu de leur félicité; il le sent, et il nous ramène à des images plus douces, quoique tristes encore. Alors sa muse nous rappelle le touchant délire de la folle d'amour, et voilà sa transition pour nous conduire à l'épisode de Volnis et d'Azélie, épisode où la tendresse, la grâce, la mélancolie, le charme d'une passion qui commence et finit sous les auspices du malheur, et donne cependant quelques années d'un bonheur ineffable à ses deux victimes, ont trouvé un peintre digne d'un tel sujet. Certainement on vanterait beaucoup dans les anciens un art aussi délicat, une gradation aussi habilement conduite : pourquoi donc refuserions-nous à un poëte notre contemporain un éloge vraiment mérité? pourquoi craindrions-nous d'ajouter qu'il n'est pas dans notre langue un seul poëte, fût-ce Racine lui-même, qui ne s'honorât d'avoir écrit les vers où Delille peint son Azélie sous les traits de la jeune Galatée attendant, pour achever de vivre, le souffle de l'amour ?

(18) Tel ce chef-d'œuvre heureux de l'amour et des arts,
La jeune Galatée enchantait les regards.

Delille imite ici Ovide (*Métamorph.* X, 281); et pénétré à la fois du génie des deux poëtes, Girodet a rendu à la peinture tout ce que la poésie en avait si heureusement emprunté.

(19) Tel moissonné trop tôt, tombe et languit sur l'herbe,
Ou le sombre hyacinthe, ou le pavot superbe.

Cette comparaison, empruntée de Virgile, qui lui-même en était redevable à Catulle (*Carm.* XI et LXII), se trouve, comme l'on sait, au dixième livre de l'*Énéide*, v. 435; et Delille, qui l'avait déjà traduite, fait ici ce qu'il y avait de mieux à faire; il reproduit ses beaux vers.

(20) Tant, avec ce penchant toujours d'intelligence,
L'imagination lui prête de puissance !

Cet épisode achève de prouver l'influence de l'imagination sur l'amour, et remplit heureusement le dessein du poëte. *Azélie et Volnis* étaient connus depuis long-temps : on avait même imprimé plusieurs fois cet épisode, avant que l'auteur consentît à la publication de son poëme. D'autres morceaux avaient été lus aux séances de l'Académie française et recueillis dans les journaux. Cette observation n'est point inutile pour expliquer l'étonnante ressemblance que la critique pourrait remarquer entre les vers de Delille et ceux qu'on trouve dans quelques ouvrages imprimés plusieurs années avant le poëme de l'*Imagination*. Les rencontres avec un auteur célèbre sont possibles, et montrent souvent qu'on est digne de penser et de s'exprimer comme lui. Mais si le public était tenté de les prendre pour des réminiscences, il est juste de le prévenir que ce n'est point à la mémoire de Delille qu'il doit en faire honneur.

CHANT TROISIÈME.

L'IMAGINATION,
POËME.

CHANT TROISIÈME.

L'IMPRESSION DES OBJETS EXTÉRIEURS.

Voyez ce luth muet ! tant qu'une habile main
N'éveille pas le son endormi dans son sein,
Dans le bois insensible en secret il sommeille ;
Mais si d'un doigt savant l'impulsion l'éveille,
Il frémit, il résonne, exprime tour à tour
La pitié, la terreur, et la haine, et l'amour ;
Et, quand rien n'agit plus sur l'organe sonore,
Le bois mélodieux long-temps résonne encore.
Ainsi l'âme se tait, quand rien ne parle aux sens :
Ainsi l'objet émeut ses fils obéissants ;
Et même, quand des sens la secousse est passée,
L'écho des souvenirs prolonge la pensée.

De tous les instruments le plus ingénieux,
Dont les savants accords retentissent le mieux,
L'âme est organisée. Il est temps de connaître
Comment elle résonne et répond à chaque être ;

Et comment, de nos nerfs ébranlant le faisceau,
L'objet court s'imprimer dans les plis du cerveau.
Vaste et profond sujet ! Pour peindre ce mystère (1),
Il faudrait un Descarte instruisant un Voltaire.
Essayons toutefois, et montrons dans mes vers
L'âme entière à l'aspect de l'immense univers.

Les couleurs avant tout ont des charmes suprêmes;
Leurs beautés quelquefois plaisent par elles-mêmes,
Et leur aspect pour nous a de secrets appas.
Tel vers l'astre des nuits l'enfant étend ses bras;
Tel, quand l'onde reçoit son image fidèle,
Crédule, il veut la prendre, et se courbe vers elle.
Le pourpre éblouissant, le tendre azur des cieux,
Le blanc pur et le vert, sont le charme des yeux.
D'autres fois, des objets croyant y voir l'emblème,
L'Imagination ou les craint, ou les aime.
Le noir nous peint le deuil, la douleur, le trépas;
Un drapeau noir conduit les Maures aux combats;
Le bleu marque la joie, et le blanc l'innocence :
Le vert, fils du printemps, peint la douce espérance;
Et, par des traits de sang, la comète autrefois,
Sous le dais orgueilleux, a fait trembler les rois.
Souvent encor les arts, ou la riche nature,
Dont nul art ne saurait égaler la peinture,
Savent, en les fondant, embellir les couleurs.
Ainsi l'adroite aiguille entrelace les fleurs;
Ainsi le peintre unit, de nuance en nuance,
La teinte qui finit à celle qui commence.

Voyez se colorer l'arc éclatant d'Iris !
Voyez l'émail changeant des pigeons de Cypris ;
Et ces prismes vivants où le soleil se joue,
Les oiseaux de Junon, épanouir leur roue !

    Les formes à leur tour ont des charmes puissants ;
Eh ! qui peut leur donner ce pouvoir sur nos sens ?
Ce n'est point le compas de la géométrie,
La régularité, la froide symétrie :
C'est l'élégance unie à la simplicité,
Et les proportions à la variété ;
C'est un tout assorti qu'un seul coup d'œil rassemble,
Le charme des détails, les beautés de l'ensemble.
A ces traits prononcés que l'œil aime à saisir,
L'Imagination vient joindre son plaisir.
Elle veut rencontrer, jointes à l'élégance,
L'heureuse utilité, la noble convenance.
Des formes, dont les traits la séduisent toujours,
La courbe, par sa grâce et ses moelleux contours,
Rit le plus à ses yeux : dans leurs bornes prescrites,
Les angles, les carrés font trop voir les limites ;
Et, dans l'allongement de son cours ennuyeux,
La triste ligne droite importune les yeux.
Mais sur d'heureux contours glissant avec mollesse,
D'une courbe facile elle aime la souplesse.
Tout ce que la nature embellit de sa main,
Les rondeurs de la joue et celles d'un beau sein,
Ce grand cercle des cieux et la sphère du monde,
Les astres suspendus à sa voûte profonde,

Et les arbres en dôme arrondissant leurs bras,
Tout d'une courbe aimable offre aux yeux les appas;
Et l'œil, qui nous instruit de leur beauté suprême,
En un cercle brillant s'est arrondi lui-même.
Le mouvement nous plaît par la même beauté :
Sur la rive des mers ainsi l'œil enchanté
Voit le flot qui retombe et le flot qui s'élève;
En courbe il redescend, en courbe il se relève;
Et du vaisseau, qui monte et baisse mollement,
L'œil suit avec plaisir le doux balancement.
Eh! qui du mouvement ne connaît pas l'empire?
Par des charmes plus sûrs qui sait mieux nous séduire?
Quand Vénus dans un bois se révèle à son fils,
Ce qui lui fait d'abord reconnaître Cypris,
Ce ne sont point ses traits, ses yeux, sa blonde tresse;
Elle marche, et son port a trahi la déesse (²) :
Tant l'art de se mouvoir a de charmes pour nous!
Tantôt lent, tantôt vif, ou plus fort, ou plus doux,
Dans ses effets divers, mais jamais arbitraires,
Le mouvement nous plait par des aspects contraires.

J'aime à voir ce coursier qui, plus prompt que l'éclair,
Dans les champs effleurés part, court, vole, et fend l'air;
Mais je n'aime pas moins le coursier intrépide
Qui, réprimant l'essor de sa fougue rapide,
Sans avancer d'un pas, dévorant le chemin (³),
Monte et tombe en cadence, et bondit sous ma main,
Et dont l'ardeur captive et toujours agissante
Présente à nos regards la force obéissante.

CHANT III.

Vous frémissez d'effroi, si de fougueux soldats,
S'élançant à grands cris, précipitent leurs pas ;
Mais qu'une vaste armée, en un profond silence,
Garde un calme imposant, et lentement s'avance (4),
Ce silence effrayant frappe bien plus mon cœur,
Et le calme lui-même ajoute à la terreur.
Des mouvements heureux, des formes attrayantes,
Des couleurs mariant leurs teintes séduisantes,
La beauté composa ces accords ravissants
Qui subjuguent le cœur et captivent les sens ;
Mais ma muse à loisir vous entretiendra d'elle,
Quand mes chants aux beaux-arts l'offriront pour modèle.

   De ces mêmes accords l'univers enchanté
Vit éclore un pouvoir plus sûr que la beauté,
Qui toujours l'embellit, qui souvent la remplace,
Qui nous plait en tous lieux, en tout temps : c'est la grâce.
Et comment définir, expliquer ses appas ?
Ah ! la grâce se sent et ne s'explique pas :
Rien n'est si vaporeux que ses teintes légères ;
L'œil se plaît à saisir ses formes passagères ;
Elle brille à demi, se fait voir un moment ;
C'est ce parfum dans l'air exhalé doucement ;
C'est cette fleur qu'on voit négligemment éclore,
Et qui, prête à s'ouvrir, semble hésiter encore :
L'esprit, qui sous son voile aime à la deviner,
Joint au plaisir de voir celui d'imaginer.
L'Imagination en secret la préfère
A la froide beauté constamment régulière.

Je ne sais quoi nous plaît dans ses traits indécis,
Que la beauté n'a point dans ses contours précis.
Piquante sans recherche et sans étourderie,
Elle nous fait aimer jusqu'à sa bouderie.
Prête donc à mes vers, ô fille de Vénus !
Ta molle négligence et tes airs ingénus.
Fais envier à l'art tes formes naturelles ;
Tu n'as qu'à te montrer pour corriger nos belles ;
Apprivoise l'orgueil, instruis la volupté,
Console la laideur, achève la beauté.

 Comme Pallas aux dieux se montra tout armée,
La grâce au don de plaire en naissant est formée :
Belle dans son été, comme dans son printemps,
Seule elle sait braver les injures du temps :
L'aimable fantaisie arrange sa parure ;
Zéphire, en se jouant, boucle sa chevelure ;
De riches diamants ne chargent pas sa main ;
Son simple coloris rejette le carmin ;
Son maintien est aisé ; la souple mousseline
En plis inaffectés autour d'elle badine,
Sa marche annonce aux yeux un enfant de Cypris ;
Et sa danse prévient les leçons de Vestris.
Où peut-on rencontrer ce doux moyen de plaire ?
Est-ce chez la princesse, est-ce chez la bergère ?
Partout où la nature, en dépit de notre art,
La fait naître en passant et la jette au hasard.
Avec le même charme, aimable en toute chose,
Elle parle ou se tait, agit ou se repose ;

CHANT III.

De l'enfance naïve elle est le premier don;
La grâce lui donna son facile abandon,
Cette *soudaineté* que nous vante Montagne (5);
Et l'heureux à propos en tout temps l'accompagne :
Elle doit au hasard ses plus piquants attraits;
Toujours elle rencontre et ne cherche jamais.
Peu savent la trouver, mais la trouvent sans peine.
Elle craint le travail et redoute la gêne;
L'air d'effort lui déplaît; et lorsque dans sa main,
Vénus tient en riant les marteaux de Vulcain,
Un air d'aisance encore embellit la déesse.
Le caprice sied bien à cette enchanteresse;
On l'oublie, elle vient; on la cherche, elle fuit.
C'est la nymphe échappant au berger qui la suit,
Et qu'un doux repentir ramène plus charmante;
Sa négligence plaît, et son désordre enchante;
Tibulle est son poëte, et ses attraits divers,
Sous les traits de Délie, ont inspiré ses vers.

 La pudeur à son tour s'avance sur sa trace.
Ah! qui peut séparer la pudeur de la grâce?
L'Imagination de ses regards discrets
A peine ose entrevoir ses mystères secrets;
Mais de son trouble heureux, de sa rougeur aimable,
Elle adore tout bas le charme inexprimable.
Le vice audacieux s'arrête à son aspect,
Et le brûlant désir est glacé de respect.
Craignant ses propres yeux, elle-même s'ignore;
Même quand elle est nue, elle est modeste encore;

Sa décence la voile aux regards curieux,
Et la Vénus pudique est vêtue à nos yeux.
Mais comme nous voyons, délicate et craintive,
Se flétrir sous nos mains la tendre sensitive,
Un mot, un geste, un rien alarme ses appas;
Le cœur vole au-devant de son doux embarras;
Son silence nous plaît, sa froideur même enflamme;
Et la pudeur enfin est la grâce de l'âme.
Mais tandis que j'essaie à tracer ce tableau,
Elle vient en mes mains arrêter mon pinceau.
D'orgueil, de modestie, ineffable mélange,
Ainsi que le reproche elle craint la louange.
Déjà je vois rougir ses timides attraits (6),
Et crains, en les peignant, de profaner ses traits.

 Toutefois vainement la nature féconde
Aurait de tant d'appas orné l'homme et le monde;
L'habitude bientôt eût flétri la beauté,
Si le ciel n'eût créé la douce nouveauté.
Voyez de l'univers la pompe monotone!
Toujours l'été brûlant fait place au doux automne;
Toujours, après l'hiver, vient le printemps; toujours
Les jours suivent les nuits, les nuits suivent les jours.
Les cieux même, au milieu de leurs pompeux spectacles,
Aux yeux désenchantés ont perdu leurs miracles.
La Nouveauté paraît, et son brillant pinceau
Vient du vieil univers rajeunir le tableau.
C'est elle qui du nord fait briller les aurores,
Enfante des héros les sanglants météores,

CHANT III.

Fait luire une comète, un Voltaire, un Rousseau
Fait mugir un volcan, tonner un Mirabeau (7) :
Cet uniforme dieu, conduit par l'habitude,
Qui n'a jamais qu'un ton, qu'un air, qu'une attitude,
L'Ennui, s'enfuit loin d'elle ; et la Variété,
Un prisme dans la main, se joue à son côté ;
De ses mouvants tableaux le monde est idolâtre,
Mais la France surtout est son brillant théâtre.

La baguette à la main, voyez-la dans Paris,
Arbitre des succès, des mœurs et des écrits,
Exercer son empire élégamment futile ;
Et, tandis qu'oubliant leur rudesse indocile,
Les métaux les plus durs, l'acier, l'or et l'argent,
Sous mille aspects divers suivent son goût changeant,
Et la gaze, et le lin, plus fragile merveille,
Dédaigneux aujourd'hui des formes de la veille,
Inconstants comme l'air, et comme lui légers,
Vont mêler notre luxe aux luxes étrangers.
Ainsi, de la parure aimable souveraine,
Par la mode, du moins, la France est encor reine ;
Et, jusqu'au fond du nord portant nos goûts divers,
Le mannequin despote asservit l'univers (8).

Trop heureux les Français, si leur volage idole
Bornait à ces vains jeux sa puissance frivole !
Mais quels pays lointains, quels barbares climats
De nos derniers malheurs ne retentissent pas (9) ?
A peine une secrète et vague inquiétude,
Des antiques devoirs dénouant l'habitude,

Des folles nouveautés a donné le signal,
Tout s'ébranle, tout marche. A cet ordre fatal,
Hardis fabricateurs d'incroyables systèmes,
Des novateurs fougueux ont tout mis en problèmes :
Les arts, les lois, les mœurs, un superbe dégoût
A tout dénaturé : le temps, qui change tout,
Se voit changé lui-même, et notre vieille année
Avec ses mois nouveaux marche tout étonnée.
O mes concitoyens, dites-moi de quel nom
Se nomment aujourd'hui ma ville, mon canton (10) ?
Dans un pays nouveau chaque jour je m'éveille ;
Le lendemain insulte aux travaux de la veille ;
La nouveauté qui suit vieillit la nouveauté ;
Le désordre s'accroît par la rivalité ;
On s'empresse, on s'élance, on court dans la carrière ;
Hâtons-nous, et gardons de rester en arrière ;
Atteignons, devançons nos rivaux confondus :
Les crimes surpassés sont des crimes perdus.

 Soudain les feux sont prêts, les haches étincellent :
Sous la main des bourreaux des flots de sang ruissellent ;
D'un massacre nouveau le massacre est suivi ;
Le peuple est fatigué, mais non pas assouvi :
Grands, petits, peuples, rois, trône, autel, tout s'efface.
Ainsi, lorsque ligués dans les champs de la Thrace,
De la Terre autrefois les fils audacieux
Sur des monts entassés escaladaient les cieux,
Les yeux épouvantés, dans les vastes campagnes,
Ne reconnaissaient plus ni vallons ni montagnes,

CHANT III.

Et cherchaient vainement, à travers les débris,
Les bois déracinés et les fleuves taris :
Mais bientôt, expiant leurs terribles maximes,
Les sacrificateurs deviennent les victimes ;
Sur le trône, en tremblant, chacun d'eux va s'asseoir :
L'apôtre du matin est le martyr du soir.
Comme le vieux Saturne, en son étrange rage,
Dans ses propres enfants dévorait son ouvrage ;
Comme aux champs de Cadmus des frères malheureux,
Au sortir du sillon, s'exterminaient entre eux ;
Sous ses propres fureurs chaque parti succombe ;
Chacun brille et s'éteint, chacun s'élève et tombe.
Tels roulent sur les flots les flots bruyants des mers :
Ainsi la bombe suit la bombe dans les airs
Partout les pleurs, le sang, la rage, la démence,
Et l'empire n'est plus qu'une ruine immense.
Pleurez donc, ô Français! pleurez ces jours heureux,
Où, de la nouveauté partisans moins fougueux,
Vous l'adoriez sans crime, et ne demandiez d'elle
Que la pièce du jour et l'actrice nouvelle !

Guidé par cet amour, par ce goût curieux,
Qui séduit des mortels l'instinct capricieux,
Souvent on quitte aussi, par un penchant bizarre,
L'objet le plus parfait pour l'objet le plus rare :
Tel est le cœur humain : un trésor trop commun
De mille possesseurs n'en satisfait aucun.
Empressée à parer chaque objet qu'elle adore,
L'Imagination avec plaisir colore

Tout ce que la nature accorde rarement.
Voyez de cette fleur le ridicule amant :
Si quelque autre avec lui partage sa richesse,
A cette horrible idée il sèche de tristesse ;
De son heureux rival il l'achète à prix d'or,
Et dans sa serre avare enterré son tresor (11).
Grâces à cet instinct l'objet le plus futile,
S'il est rare, est bientôt dispensé d'être utile.
Entrez dans cette salle où sont mis à l'encan
Géographie, histoire, et morale, et roman :
Quel est l'auteur divin que d'un groupe idolâtre
Se dispute à grand bruit l'enchère opiniâtre ?
Est-ce Homère ou Platon? Non, c'est quelque feuillet
D'un vieux tome échappé du bûcher de Servet (12).
Mais de cette frivole et vaine jouissance,
Peut-être un court récit peindra l'extravagance.

Un sauvage autrefois (nous lui ressemblons tous)
Avait vu beaucoup d'or et jamais de cailloux.
Il en voit un : soudain ce prodige l'attire ;
Il s'élance, il le prend, le regarde, l'admire,
Brûle de le montrer : tout à coup à ses yeux
S'offrent d'autres cailloux déjà moins précieux ;
Diminuant de joie en croissant de fortune,
Il chérit déjà moins leur beauté plus commune ;
Et l'abondance enfin les dépréciant tous,
Comme il eût jeté l'or il jette ses cailloux (13).
Tant l'objet qu'un vain prisme embellit ou dépare,
Vulgaire, nous déplaît, nous séduit s'il est rare !

CHANT III.

Chacun a son pouvoir. Le mortel ignorant
Souvent glisse sur eux d'un œil indifférent :
Pour lui restent cachés dans un nuage sombre
Leurs tissus délicats, leurs nuances sans nombre ;
Mais un tact plus sensible, et des yeux plus parfaits,
A ma divinité révèlent ces secrets.
Prenons donc son flambeau, ses regards et ses ailes,
Et volons au pays des vérités nouvelles :
Elle-même, en riant, me conduit par la main,
Et dans ces lieux déserts m'aplanit le chemin.

Digne objet de mes vers, ma jeune souveraine
Veut voir dans les objets les deux bouts de leur chaîne :
Tels parlent avec force à notre âme, à nos sens,
Les termes opposés des êtres différents.
Le fruit déjà mûri, la moisson jaunissante,
L'été, l'ardent midi n'est pas ce qui l'enchante :
De l'oiseau printanier la première chanson,
Le fruit encore en fleurs, et la jeune moisson ;
L'aurore d'un beau jour dorant un beau nuage,
Ses derniers feux mourants sur la tour du village ;
Voilà ce qui lui plaît. Voyez cet arbrisseau,
Qui de sa pépinière oublia le berceau :
L'agriculteur pour lui voit des dangers sans nombre ;
Mais il prévoit ses fruits, il espère son ombre.

Non loin de lui s'élève un chêne fastueux
Qui défia cent ans les vents impétueux ;
Son sommet, revêtu d'un plus rare feuillage,
Et sa mousse et ses nœuds décèlent son grand âge :

Mais le culte et l'amour du peuple des hameaux
Consacrent sa vieillesse et ses derniers rameaux.
Ainsi du chêne antique ou du naissant arbuste,
L'un paraît plus touchant, et l'autre plus auguste;
L'un a pour lui l'espoir, l'autre le souvenir :
L'un plaît dans le passé, l'autre dans l'avenir.

Et combien parmi nous sont plus touchants encore
L'être qui va finir, l'être qui vient d'éclore!
« Laissez, laissez venir ces enfants jusqu'à moi »,
Disait cet homme-Dieu dont nous suivons la loi (14).
Eh! qui sans intérêt peut voir le premier âge?
Il attire, il émeut, il attendrit le sage.
Après tant de travaux et de périls divers,
Hélas! il craint pour lui les maux qu'il a soufferts.
Quels piéges vont l'attendre au sortir de l'enfance!
Qu'il voudrait lui léguer sa longue expérience!
Cher et fragile objet de tendresse et de soins,
Il plaît par ses défauts, règne par ses besoins.
Hâtons-nous de le voir, tandis qu'à son aurore
Tout est jeune et fleuri, frais et brillant encore.
Qui sait ce que le sort lui garde de malheurs ?
Quel qu'il soit, il paîra son tribut aux douleurs :
Tout homme doit pleurer, tel est l'arrêt suprême;
L'homme bon sur autrui, l'homme dur sur lui-même.
Ainsi, dans ce mélange et de crainte et d'espoir,
L'esprit flottant désire, et tremble de prévoir;
Et, dans le court tableau de l'homme qui commence,
L'Imagination voit un lointain immense :

CHANT III.

De l'enfance, pour nous, tel est le doux attrait.
  Avec moins de plaisir, mais non sans intérêt,
L'Imagination regarde la vieillesse.
Dans l'une tout commence, et dans l'autre tout cesse (15);
Mais ces ruines même intéressent encor :
Le vieillard du passé déroule le trésor.
S'il fut le bienfaiteur ou l'ornement du monde,
L'Imagination, en souvenirs féconde,
Quand le présent ingrat semble l'abandonner,
Des honneurs qu'il n'a plus revient l'environner :
Ainsi le saint respect qui de loin le contemple
Remplit toujours de Dieu les débris d'un vieux temple.
Mélange de douceur et de sévérité,
L'âge consacre encor sa sainte autorité :
C'est le père, le chef, le roi de sa famille.
Dans un siége d'honneur, près d'un feu qui pétille,
Il conte ; et l'écoutant de l'oreille et de l'œil,
Le groupe se resserre autour de son fauteuil.
Douces mœurs, saint respect, amour de la vieillesse,
Revenez parmi nous ! et puisse la jeunesse,
Pour son propre bonheur, abjurer ces travers
Qui perdirent la France, et troublent l'univers !
  Des objets, quels qu'ils soient, qui fait les premiers charmes?
Le besoin d'être ému. La terreur, les alarmes,
Elles-mêmes pour l'homme ont un puissant attrait.
Voyez-le, dominé par cet instinct secret,
Suivre un embrasement, contempler du rivage,
A l'abri du danger, les horreurs du naufrage,

Repaître aux champs de Mars ses yeux épouvantés.
Je sais que, rencontrant ces horribles beautés,
Le philosophe passe en détournant la tête.
Moi, qui dois voir en sage et décrire en poëte,
Je veux les déployer; je veux dans mes tableaux
Placer l'homme à l'aspect de tous ces grands fléaux,
Au pied de ces volcans, auprès de ces batailles,
Du triste genre humain immenses funérailles :
Tressaillant d'un plaisir mélangé de terreur,
De ce mont élevé j'en contemple l'horreur;
Ces casques, ces mousquets, ces cuirasses brillantes,
Des rayons du soleil au loin étincelantes,
Ce grand luxe des rois, ces pompes du trépas,
Me parent un moment la scène des combats.
Mais l'heure affreuse vient, et le signal s'apprête :
Pareil à l'Océan qui couve la tempête,
Tout s'émeut, tout frémit; le coursier belliqueux
A l'instinct des guerriers joint son instinct fougueux;
Comme eux discipliné, comme eux réglant sa rage,
Il hennit, il bondit, mais contient son courage :
La charge sonne : il part, il s'élance aux combats,
Et le sable et le sang ont jailli sous ses pas;
Le fer luit, l'éclair brille et les tonnerres grondent;
Des montagnes, des bois les échos leur répondent :
Les échos, qui, jadis chers aux dieux bocagers,
N'avoient appris encor que les chants des bergers.
Telle qu'une ménade ardente, échevelée,
L'Imagination se perd dans la mêlée :

CHANT III.

A travers et la poudre, et le fer, et les feux,
Vagabonde, elle porte et ses pas et ses yeux,
Et revient m'en tracer l'épouvantable image.
Tout dégouttant de sang, le démon du carnage
Appelle à lui la gloire, elle accourt sur ses pas ;
L'éblouissant fantôme ennoblit le trépas :
Tout l'affronte ou l'attend, le reçoit ou le donne.
Ici, la foudre abat ; là, le glaive moissonne ;
Le fer croise le fer, les rangs foulent les rangs.
Entendez-vous les cris des vainqueurs, des mourants ?
L'un de son assasin repousse la furie ;
L'autre traine à regret un reste affreux de vie ;
Et, provoquant la rage, invoquant l'amitié,
Demande, tout sanglant, la mort à la pitié,
Et ne la doit enfin qu'à la soif du pillage.
Et si j'interrogeais ces scènes de carnage !
De ces guerriers mourants dans leur jeune saison,
L'un a quitté sa vigne et l'autre sa moisson ;
L'autre un art bienfaisant. Mais la patrie ordonne :
Marchons ; bravons ces feux, rompons cette colonne,
Reprenons ces drapeaux déchirés et sanglants.
Jeune guerrier, tu meurs à la fleur de tes ans !
Ah ! combien va gémir ta mère désolée !
Pleurez, amours ; beaux-arts, ornez son mausolée.

 Ainsi de ces grands chocs l'Imagination
Reçoit, répand, varie, accroît l'impression :
S'irrite ou s'attendrit, aime ou maudit la gloire,
Couronne les vainqueurs, gémit sur la victoire ;

Et s'écrie, en pleurant sur ces nobles forfaits :
« C'était donc peu des maux que la nature a faits ! »
   Oh ! si j'osais unir dans ma vive peinture
Et les volcans du cœur et ceux de la nature,
J'irais, j'approcherais ces formidables monts
Dont les feux souterrains vivent sous les glaçons ;
Ces volcans, plus affreux que les champs du carnage !
Ce ne sont plus ici ces joutes du courage,
Où la gloire, à la mort prêtant ses traits guerriers,
Cache son front hideux sous l'éclat des lauriers ;
Où le péril lui-même irrite la vaillance :
Ici l'homme sans gloire, ainsi que sans défense,
Demeure seul en proie à tous les éléments ;
La colère des flots, et des feux, et des vents,
Ces longs ébranlements qui déchirent la terre,
Ces orages de cendre, et de flamme, et de pierre,
Ces torrents embrasés et ces trombes de feux
Qui, du fond des enfers, s'allongent vers les cieux ;
Dans les champs, sur les monts, la fuite et l'épouvante ;
Tandis que, se heurtant dans la cité tremblante,
Des temples, des palais les dômes chancelants
Tombent, tombent en foule en des gouffres brûlants ;
Quel spectacle à la fois effrayant et sublime !
L'Imagination seule, au bord de l'abîme,
Interroge, en tremblant, la nature en courroux ;
Elle parcourt les lieux qu'ont frappés ces grands coups ;
Elle y conduit Buffon, elle y ramène Pline,
Et recommande aux arts leur savante ruine.

CHANT III.

Avec elle, tantôt, dans ces antres affreux,
Je plonge, je demande à leurs flancs ténébreux
Les débris disparus dans ces tombeaux de soufre.
Un jour, me dis-je, un jour, de cet immense gouffre,
Des portiques, des arcs, par le temps dévorés,
Reparaîtront aux yeux les décombres sacrés;
Les instruments des arts, le fer des sacrifices,
Des hommes et des dieux les pompeux édifices,
Le théâtre des jeux, et le temple des lois,
Et les métaux empreints de l'image des rois.

Je sors, j'erre à pas lents sur cette lave immense (16);
Triste, inhospitalière; et calcule en silence
Les temps, les temps lointains où la stérilité
Rendra ce sol aride à la fertilité.
Hélas! avant d'y voir ou des fruits ou de l'ombre,
Des générations s'écouleront sans nombre.
Ainsi, quand tout à coup d'affreux ébranlements
Ont troublé les états jusqu'en leurs fondements,
Les mœurs, les lois, les arts renaissent avec peine :
Un instant les détruit, un long temps les ramène :
Et le volcan éteint inspire encor l'effroi.
Mais telle est du destin la consolante loi :
Les biens naissent des maux. Prodigue de verdure,
Ce sol, enfin mûri, rend tout avec usure.
Alors ces doux objets, ce cruel souvenir,
Les désastres passés et les biens à venir,
Ces laves et ces fleurs, ces rocs, ces fraîches ombres,
Abandonnent notre âme à des pensers moins sombres;

L'homme rêve a ses maux sans en être attristé,
Et la mélancolie accroît la volupté.
   O penchant plus flatteur, plus doux que la folie!
Bonheur des malheureux, tendre mélancolie,
Trouverai-je pour toi d'assez douces couleurs ?
Que ton souris me plait! et que j'aime tes pleurs!
Que sous tes traits touchants la douleur a de charmes!
Dès que le désespoir peut retrouver des larmes,
A la mélancolie il vient les confier,
Pour adoucir sa peine, et non pour l'oublier.
C'est elle qui, bien mieux que la joie importune,
Au sortir des tourments accueille l'infortune;
Qui, d'un air triste et doux, vient sourire au malheur,
Assoupit les chagrins, émousse la douleur.
De la peine au bonheur délicate nuance,
Ce n'est point le plaisir, ce n'est plus la souffrance;
La joie est loin encor; le désespoir a fui :
Mais, fille du malheur, elle a des traits de lui.
Quels sont les lieux, les temps, les images chéries,
Où se plaisent le mieux ses douces rêveries?
Ah! le cœur le devine : en son secret réduit
Elle évite la foule, et redoute le bruit;
Sauvage, et se cachant à la foule indiscrète,
Le demi-jour suffit à sa douce retraite;
De loin, avec plaisir, elle écoute les vents,
Le murmure des mers, la chute des torrents;
La forêt, le désert, voilà les lieux qu'elle aime.
Son cœur, plus recueilli, jouit mieux de lui-même;

La nature un peu triste est plus douce à son œil;
Elle semble, en secret, compatir à son deuil.
Aussi l'astre du soir la voit souvent, rêveuse,
Regarder tendrement sa lumière amoureuse.
Ce n'est point du printemps la brillante gaité,
Ce n'est point la richesse et l'éclat de l'été
Qui plait à ses regards; non, c'est la pâle automne,
D'une main languissante effeuillant sa couronne.
Que la foule, à grands frais, cherche un grossier bonheur,
D'un mot, d'un nom, d'un rêve elle nourrit son cœur.
Souvent, quand des cités les bruyantes orgies,
Au son des instruments, aux clartés des bougies,
Etincellent partout de l'or, des vêtements,
Des éclairs de l'esprit, du feu des diamants,
Pensive, et sur sa main laissant tomber sa tête,
Un tendre souvenir est sa plus douce fête.
Viens donc, viens, charme heureux des arts et des amours,
Je te chantai deux fois, inspire-moi toujours (17).

La tristesse, à son tour, par de plus fortes ombres
Rembrunit ses couleurs et ses nuances sombres.
Ce sujet est moins doux; mais dans sa profondeur
Je dois sur tous les tons interroger le cœur.
De la tristesse en nous quelle est donc l'origine?
C'est l'aspect du malheur, celui de la ruine :
Soit qu'en se dégradant, les monuments des arts
De leur décrépitude affligent nos regards;
Soit que dans leur langueur, l'animal et la plante
Présentent à nos yeux la nature souffrante;

Soit que, plus triste encor, de ses restes flétris
Le séjour de la mort étale les débris.
Voyez ces monuments épars dans la poussière,
Et l'humble asile où dort une cendre vulgaire;
Et le marbre où les grands, également mortels,
Étalent leur néant en face des autels;
Tous sujets du trépas, qui tous les sacrifie,
Et ne fait qu'un monceau des débris de la vie :
L'Imagination, à mes yeux pleins d'effroi,
A rouvert leurs tombeaux; tous passent devant moi :
Que de crimes cachés, que de vertus obscures,
S'élèvent, à sa voix, du fond des sépultures!
Regardez ce mortel, ami ferme et discret,
D'un ami dans la tombe il cacha le secret.
Quelle est cette ombre, pâle, égarée et farouche?
Les cris sourds du remords s'échappent de sa bouche;
Vénal exécuteur des vengeances des grands,
Il servit en secret la haine des tyrans.
Mais bientôt leur complice a suivi leur victime;
Instrument d'un forfait, il périt par un crime.
Voyez-vous s'avancer cet homme aux cheveux blancs?
La gloire et la vertu couronnaient ses vieux ans;
Un avide héritier hâta sa dernière heure.
Quelle est, plus loin de moi, cette vierge qui pleure?
Elle aima sans espoir, et mourut de douleur.
Et toi, toi, jeune enfant, moissonné dans ta fleur,
Qui t'enleva sitôt de ce triste théâtre?
Péris-tu par les mains d'une injuste marâtre?

Portais-tu dans ton sein le germe de la mort ?
Quoi qu'il en soit, hélas! ne te plains pas du sort :
Tu n'as fait qu'effleurer la coupe de la vie ;
Mais le ciel indulgent t'en épargna la lie :
Tant de maux à prévoir! tant de maux à souffrir!
Tout ce qui nous apprend, nous invite à mourir.
Dors donc, dors, cher enfant! dans cet asile sombre,
Demain de quelques fleurs j'apaiserai ton ombre.

Mais quels sons douloureux ont frappé mes esprits ?
Ah! de sa mère en pleurs n'entends-je pas les cris ?
Eh! quelle image, ô dieux ! est plus triste et plus chère,
Que le tombeau d'un fils et les pleurs d'une mère ?
Un portrait dans la main, elle demande aux cieux,
Elle demande encor ce fils si précieux,
D'un adorable époux ressemblance adorée :
Telle, sur un rameau, Philomèle éplorée
Accuse son malheur, et le pâtre inhumain (18)
Qui, remarquant son nid, a, de sa dure main,
Ravi ses chers petits encor nus et sans aile,
Hélas! et vainement réfugiés sous elle.
Aux rochers, aux vallons, aux échos des déserts,
Sans cesse répétant ses lamentables airs,
Seule dans l'ombre obscure elle pleure, et l'aurore
Seule sur son rameau l'entend gémir encore.

A la tristesse en deuil, à la sombre terreur,
Oserai-je ajouter le tableau de l'horreur ?
Leurs traits sont différents, et d'un objet terrible
L'aspect à nos regards n'est pas toujours horrible.

Pour les distinguer mieux, revenez avec moi
Dans ces lieux, vaste scène et de meurtre et d'effroi ;
Au pied de ces volcans, où l'air, la terre et l'onde
De leur guerre intestine épouvantent le monde.
Dans le champ des combats, tant que de sa chaleur
Le brillant héroïsme échauffe la valeur,
Ces drapeaux, ces tambours, ces clairons, ce tonnerre,
Ces marches du talent, ce grand art de la guerre,
Et la gloire planant au-dessus du trépas,
Décorent à nos yeux ces grands assassinats ;
Mais quand Mars a mis fin à ces joutes savantes,
Quelle horreur se répand sur ces plaines sanglantes !
Ses foudres sont éteints, ses clairons sont muets,
L'œil ne rencontre au loin que de hideux objets ;
Des cadavres souillés et de sang et de poudre,
Mutilés par le fer, déchirés par la foudre :
Par leur proie attirés sur ces vastes tombeaux,
Les ailes des vautours et les cris des corbeaux
Se font entendre seuls dans ce vaste silence.
Là finit la terreur, et là l'horreur commence.

 Que du Vésuve éteint les feux soient rallumés,
En contemplant ce mont et les cieux enflammés,
Et ces torrents de feu qui sillonnent la terre,
L'homme admire et frémit. Mais, si l'affreux tonnerre,
En foule amoncelant, sous leurs toits embrasés,
Femmes, enfants, vieillards, l'un sur l'autre écrasés,
Ne montre, à la lueur des ruines brûlantes,
Que des corps expirants et des cendres fumantes,

Qu'un reste d'habitants, par l'effroi dispersé;
D'horreur alors, d'horreur l'homme se sent glacé,
Et croit voir célébrer, par la mort, la tempête,
De l'ange affreux du mal l'épouvantable fête.

    Toutefois ces combats et ces gouffres de feux
N'offrent pas de l'horreur les traits les plus hideux;
Non, c'est le cœur humain, plus effroyable abîme;
C'est l'assassin, dans l'ombre épiant sa victime.
Que deux tendres amis, s'égorgeant par honneur,
Pour un mot, l'un de l'autre aillent percer le cœur:
Du crime de leur main l'excuse est dans leur âme.
Mais l'atroce brigand, mais l'assassin infâme,
Dans sa vile fureur et ses lâches exploits,
N'offre qu'un crime horrible à la hache des lois.
Déité de Shakespeare! ô toi, qui des ténèbres (1)
Aime l'effroi tragique et les scènes funèbres,
Viens, perçons ces forêts; que j'assiste avec toi
Aux mystères sanglants de ces lieux pleins d'effroi.
C'est là qu'au pied d'un arbre, où d'une lampe sombre
La livide clarté luit et tremble dans l'ombre,
Tout bas, dans un sinistre et lugubre appareil,
Le meurtre vient tenir son horrible conseil.
Encor teinte de sang, cette horde cruelle
Vient de se partager sa conquête nouvelle.
Prêts à servir leur rage, autour d'eux sont épars
Les tubes meurtriers, les glaives, les poignards,
Et le levier robuste, et l'échelle perfide
Qui doit favoriser leur approche homicide.

L'IMAGINATION.

Ils consultent; leur cœur tressaille au moindre vent
Qui fait frémir près d'eux le feuillage mouvant.
J'écoute leurs projets de sang et de ruine :
Leur parole menace, et leur geste assassine.
Quel mortel proscrira le conseil redouté?
La victime est choisie, et l'arrêt est porté.
Ils partent. Dieu! sauvez le père de famille,
Ses enfants adorés, sa jeune et tendre fille!
Que mon ami surtout se dérobe à leurs yeux,
Et ne se trouve pas sur leur passage affreux!

Mais que sont, au milieu des discordes civiles,
Les brigands des forêts près des brigands des villes;
Eux qui, sous l'œil des lois, dans le sein de la paix,
Commandent le carnage et dictent les forfaits?
Qu'ai-je entendu? quels cris! quels accents lamentables!
O malheureux Paris! ô jours épouvantables!
Des pontifes sacrés, et des vieillards tremblants,
Sans respect pour leurs maux et pour leurs cheveux blancs,
Eux, qui du ciel sur nous imploraient la clémence,
Tombent, dans le lieu saint, égorgés sans défense.
Quarante ans de travaux, quarante ans de vertus,
Ne sauraient les sauver. L'un sur l'autre abattus [20],
Cent ministres sanglants jonchent le sanctuaire.
Dulau tombe content dans les bras de son frère.
Tout ce qu'ont de cruel, tout ce qu'ont de touchant
La foi, l'impiété, le juste et le méchant,
La rage, la pitié, la douleur, la nature,
Forme de mille accents le lugubre murmure :

CHANT III.

L'un s'attache à la croix, l'autre embrasse l'autel ;
De son dernier regard l'autre cherche le ciel ;
L'autre, attendant la mort dans ce vaste carnage,
De ses amis mourants exhorte le courage ;
Tous meurent en martyrs, tous meurent en héros ;
Le meurtre insatiable a lassé les bourreaux ;
Et, fuyant du lieu saint la scène ensanglantée,
L'Imagination recule épouvantée.

Ah ! quittons les horreurs de ces sombres tableaux :
Que des objets riants délassent mes pinceaux !
Mon âme en a besoin. Eh ! qui, mieux que cette âme,
Que des morts, des bourreaux, du fer et de la flamme,
Que d'un si long malheur poursuit le souvenir,
Vers les objets riants a droit de revenir ?
Mais, avant d'en tracer la poétique image,
De la philosophie empruntant le langage,
Des riantes beautés expliquons les attraits,
Et quel heureux mélange en compose les traits !

Un objet est riant, quand l'art ou la nature
Aux charmes des couleurs joint ceux de la figure ;
Quand l'œil trouve assemblés, pour mieux nous émouvoir,
Un air de liberté, d'abondance et d'espoir ;
Surtout quand, de la vie essayant les prémices,
Des êtres innocents partagent ses délices.
Eh ! voyez, au printemps peint de mille couleurs,
Lorsque les fruits déjà se cachent sous les fleurs,
Lorsqu'aux antres du nord a fui l'affreux Borée,
La nature féconde, et fraîche et colorée ;

Tout vit, tout se ranime, et tout s'épanouit :
Le sol donne et promet, l'œil espère et jouit.
Pour prêter plus de charme à ce brillant théâtre,
Chloé vient : elle vient, jeune, agile et folâtre;
Comptant treize ans à peine, et ne soupçonnant pas
Tout ce qu'elle nous cache ou découvre d'appas.
Libre enfin, oubliant son crayon qui repose,
Elle vole à la fleur, comme elle fraîche éclose;
Du jardin, en sautant, franchit chaque parquet,
Choisit, compose, effeuille, éparpille un bouquet.
Comme les arbrisseaux, enfants de ce bocage,
Tous différents d'instinct, et de figure et d'âge,
Ses frères ont pris part à ses jeux inconstants,
Et leur printemps ajoute aux grâces du printemps.
Tous, d'un air sérieux, suivent leur goût frivole;
L'un tend ses petits bras au papillon qui vole;
Pour atteindre un rameau l'autre se hausse en vain;
Cet autre d'un fruit vert va cacher le larcin;
L'autre cherche à saisir son image dans l'onde;
Et cependant, pareille à la rose féconde
Qui s'élève au milieu de ses boutons naissants,
Leur mère suit de l'œil leurs ébats innocents.
Les objets enchanteurs que ce jardin rassemble,
Ces plantes, ces enfants qui s'élèvent ensemble;
Cette sérénité du vif azur des cieux,
Du monde rajeuni l'aspect délicieux,
Cet air suave et pur de la saison nouvelle,
Des riantes beautés voilà le vrai modèle;

CHANT III.

Et pour ma déité quels tableaux plus flatteurs,
Qu'un beau jour, un beau ciel, des enfants et des fleurs!
  Des objets différents qui commandent à l'âme,
C'est la grandeur surtout qui l'élève et l'enflamme.
Elle plaît à nos cœurs, elle plaît à nos yeux,
Dans l'œuvre de nos mains, dans l'ouvrage des dieux;
De ces grands monuments nos regards s'applaudissent;
Notre âme, à leur aspect, nos pensers s'agrandissent.
  O colosses du Nil, séjour pompeux du deuil,
Oh! que l'œil des humains vous voit avec orgueil!
Devant vos fronts altiers s'abaissent les montagnes;
Votre ombre immense, au loin, descend dans les campagnes:
Mais l'homme vous fit naître, et sa fragilité
Vous a donné la vie et l'immortalité.
Que de fois à vos pieds m'asseyant en silence,
J'évoque autour de vous tout cet amas immense
De générations, de peuples, de héros,
Que le torrent de l'âge emporta dans ses flots:
Rois, califes, sultans, villes, tribus, royaumes,
Noms autrefois fameux, aujourd'hui vains fantômes!
Seuls, vous leur survivez. Vous êtes à la fois
Les archives du temps et le tombeau des rois,
Le dépôt du savoir, du culte, du langage,
La merveille, l'énigme et la leçon du sage.
Reçois donc mon tribut, ô toi, de qui la main (21),
Sur leur roc, plus solide et plus dur que l'airain,
Grava mes faibles vers! Coulez, siècles sans nombre;
Nations, potentats, passez tous comme une ombre;

Ces murs sont mon trophée ; et, vainqueur du trépas,
Je puis dire à mon tour : « Mes vers ne mourront pas ».

Combien plus fière encor, combien plus imposante,
Dans l'ouvrage des dieux, la grandeur nous enchante!
Par elle l'homme éprouve un air de liberté ;
Tout ce qui le captive indigne sa fierté.
Loin des enclos bornés dont l'enceinte le gêne,
Il aime à s'égarer dans une vaste plaine,
Dans un large horizon ouvert de toutes parts,
Où l'œil indépendant promène ses regards ;
Il aime à s'enfoncer dans la profondeur sombre
De ces vieilles forêts, dont les tiges sans nombre
Touchent en même temps l'abîme des enfers,
Et le sein de la terre, et la voûte des airs ;
Se courbent sur les eaux, flottent dans les campagnes,
D'un panache ondoyant couronnent les montagnes,
D'un vert amphithéâtre ornent les lieux penchants,
Et font une grande ombre au grand tableau des champs.
Sous la noire épaisseur de leurs voûtes antiques,
Sont nés les premiers dieux et les premiers cantiques ;
Aucun soin n'entretient tous ces colosses verts ;
Je crois voir les jardins du dieu de l'univers ;
Et mes pensers, nourris dans l'ombre solennelle,
Deviennent grands, profonds, majestueux comme elle.

Et toi, terrible mer, séjour impétueux (22),
Déjà j'ai célébré tes champs majestueux ;
Mais qui de tes beautés, ô mer intarissable !
Peut jamais épuiser la source inépuisable ?

J'ai chanté ta grandeur et ton immensité ;
Ai-je dit ta richesse et ta fécondité,
Tous ces peuples nombreux, ces nations flottantes,
Comme tes vastes eaux, à jamais renaissantes ?
Ton lit, riche moitié de l'immense univers,
Renferme dans ton sein mille empires divers.
Tous ont leurs lois, leurs mœurs, leurs chefs, leurs colonies
Pour voyager ensemble en foule réunies.
La terre en vain nourrit cet innombrable essaim
De peuples, d'animaux, répandus sur son sein,
La terre porte envie à ton vaste domaine :
Ses bois ont l'éléphant, tes gouffres la baleine ;
De tes ondes sur nous s'élèvent d'autres mers ;
Dieu de ton océan fit l'océan des airs.
Et quel autre entretient ces liquides nuages
En fertiles vapeurs versés par les orages,
Déposés sur les monts, dans les champs répandus,
Et sans cesse repris, et sans cesse rendus ?
La terre enceint tes eaux, et tes eaux la fécondent ;
Aux mouvements des cieux tes mouvements répondent :
Phébé règle tes flots ; tes flots suivent son cours,
Et, toujours menaçants, obéissent toujours.
Tu creuses les vallons, élèves les montagnes,
Tour à tour engloutis et nous rends les campagnes ;
Et l'homme, à qui du temps les fastes sont ouverts,
Lit jusqu'au haut des monts le voyage des mers.
Dirai-je les trésors échangés sur tes ondes ?
Dirai-je tes vaisseaux, messagers des deux mondes ?

Sur ton sein orageux se mêlent quelquefois
La colère des flots et le courroux des rois,
Le tonnerre des cieux, les foudres de la guerre;
Et l'orgueil, sur les eaux, vient disputer la terre.
Que de trésors cachés dans tes flots écumeux!
Que de fleuves obscurs, que de fleuves fameux!
Tu parles à nos yeux, tonnes à nos oreilles :
L'Imagination succombe à tes merveilles;
Je m'éloigne en silence, et, plein d'un saint effroi,
J'abandonne un sujet immense comme toi.
Mais à peine mes yeux ont quitté tes domaines,
Les monts viennent m'offrir leurs pompeux phénomènes.

Viens donc, ô ma déesse, exauce encor mes vœux,
Et redonne à ma voix quelques sons dignes d'eux.
Tu viens! Sur leurs sommets avec toi je m'élance.
Ici, tout est grandeur, tout est magnificence;
De saisons en saisons, de climats en climats,
J'y voyage, entouré de vergers, de frimas,
De gouffres, de volcans, dont les laves fumantes
Sillonnent quelquefois de leurs vagues brûlantes
Cette neige éternelle et ces glaçons affreux
Que jamais du soleil n'entamèrent les feux.
Ici je touche au ciel et commande à la terre;
A mes pieds part l'éclair et gronde le tonnerre;
D'ici l'onde aux vallons épanche son trésor;
L'ouragan prend sa course, et l'aigle son essor.
J'interroge ces monts : je mesure en silence
Et leur vaste hauteur, et leur contour immense.

Leurs flancs jusqu'aux enfers vont cacher les métaux;
Leurs faîtes jusqu'au ciel portent les végétaux.
Que j'aime à voir ces bois, ces touffes de verdure,
De leur tête superbe ondoyante parure,
Sur leurs fronts chevelus flotter au gré des vents,
Et balancer dans l'air leurs panaches mouvants!
Que de riches aspects, que de grandes images!
Tombez, torrents fougueux, de vos rochers sauvages;
Parmi l'herbe et les fleurs, glissez, humbles ruisseaux:
Parlez-moi des vieux temps, marbres rongés des eaux;
Du monde affreux débris, contez-moi son naufrage;
Et vous, de noirs rochers gigantesque assemblage,
Vers le ciel élancés, enfoncés dans les mers,
Courez de votre chaîne embrasser l'univers.
Monts augustes, c'est vous dont la cime idolâtre (24)
Du culte de Mithra fut le premier théâtre.
Favoris du Soleil, votre front radieux
Reçoit ses premiers traits, retient ses derniers feux;
Sous vos brillants sommets règnent les vapeurs sombres;
Vous buvez la lumière et répandez les ombres;
Si pour le dieu du jour vous n'avez plus d'autel,
Sur vous le dieu des arts garde un culte éternel;
Là, s'assemble sa cour; là, de nos Zoroastres
Les yeux vont de plus près interroger les astres;
Jussieu vient y chercher les mœurs des végétaux;
Le poëte, des chants; le peintre, des tableaux;
Le sage, des leçons; et, parmi vos abîmes,
Moi-même, en vous chantant, je plane sur vos cimes.

Mais le jour disparaît ; et tandis que des monts
L'ombre déjà plus noire obscurcit les vallons,
De la nuit radieuse illuminant les voiles,
Tout brillant de clartés, tout parsemé d'étoiles,
Là-haut, l'Olympe entier rayonne de splendeur.

 Dans quels petits objets je plaçai la grandeur !
Oh ! comme en voyageant dans le vaste empyrée
L'Imagination parle à l'âme inspirée !
Les soleils aux soleils succèdent à mes yeux ;
Les cieux évanouis se perdent dans les cieux :
De la création je crois toucher la cime,
Et soudain à mes pieds se montre un autre abîme.
O prodige ! le monde allait s'agrandissant :
Le monde tout à coup s'abaisse en décroissant ;
De degrés en degrés descend l'échelle immense ;
L'infini s'arrêtait, l'infini recommence.
De l'ouvrage des dieux insensibles tissus,
Invisibles à l'œil, du verre inaperçus,
Des univers sans noms, et des mondes d'atomes.
Familles, nations, républiques, royaumes,
Ayant leurs lois, leurs mœurs, leur haine, leur amour,
Abrégés de la vie, et chefs-d'œuvre d'un jour,
Des confins du néant où Dieu mit leur naissance,
Jusqu'en leur petitesse attestant sa puissance,
Le montrent aussi grand que dans l'immensité,
Entouré de l'espace et de l'éternité.
Ainsi dans la nature, insensible ou vivante,
Au bord d'un double abîme, éperdu d'épouvante,

J'atteins par la pensée, ou le verre, ou mes yeux,
Tout ce qui remplit l'air, ou la terre, ou les cieux;
Ainsi, ne trouvant plus de borne qui m'arrête,
Des mondes sous mes pieds, des mondes sur ma tête,
Je ne vois qu'un grand cercle où se perd mon regard (25),
Dont le centre est partout, et les bords nulle part;
Planètes, terres, mers, en merveilles fécondes,
Et par-delà ces mers, ces planètes, ces mondes,
Dieu, le Dieu créateur, qui pour temple a le ciel,
Les astres pour cortége, et pour nom l'Éternel;
Qui donne un frein aux mers, et des lois aux comètes,
Allume les soleils, fait tourner les planètes,
Et vient, plus grand encore et plus majestueux,
Se peindre et s'admirer dans un cœur vertueux.

Oui, quel que soit des cieux le superbe spectacle,
L'homme aux regards de l'homme est le premier miracle.
Le doux rayon parti des rives d'Orient
N'égale point l'attrait d'un visage riant.
Voyez, dans son courroux, cette âme impétueuse;
La mer en sa colère est moins tumultueuse;
Babylone en ruine afflige moins les yeux
Que les traits désolés de l'homme malheureux;
Tout ce que, pour frapper nos yeux et nos oreilles,
L'univers tout entier renferme de merveilles,
Les montagnes, les mers, le tonnerre, les vents,
Ébranlent moins nos cœurs et frappent moins les sens,
Que de l'accent humain l'énergique éloquence,
Que ce geste qui donne une voix au silence.

Que dis-je? ces accents, tantôt fiers, tantôt doux,
C'est l'œil, oui, c'est l'œil seul qui les rassemble tous.
Dans sa noble structure, en prodiges féconde,
Le plus frappant n'est pas de retracer le monde,
De réfléchir les cieux, les forêts et les mers;
Mais de peindre cette âme, où se peint l'univers.
Chef-d'œuvre où s'épuisa tout l'art de la nature,
L'œil marque le remords, la paix d'une âme pure,
Du noble enthousiasme il exprime le feu;
Il s'attendrit sur l'homme, il s'élève vers Dieu;
Il embellit les pleurs, anime le sourire;
Il caresse, il menace, il accorde, il désire;
Il brûle de fureur, s'enflamme d'amitié,
Se mouille doucement des pleurs de la pitié.
C'est là que rit l'espoir, qu'étincelle la joie;
En de molles langueurs la volupté s'y noie.
Ce n'est point la beauté qui fait son ornement;
C'est mieux, c'est la raison, l'esprit, le sentiment;
Et dans ce cadre étroit sont peints en traits de flamme
Tous les travaux des dieux, et tous les dons de l'âme.
Aussi quel cœur si dur n'obéit à ses lois?
Il parle avant le geste, il parle avant la voix.
Voyez, quand Marius aux prisons de Minturne (26)
Assoupit un moment sa douleur taciturne,
Ce Cimbre l'approcher un poignard à la main:
Le héros se réveille, et se levant soudain,
Avec cet air terrible où brillent la victoire,
Et tant de consultats, et quarante ans de gloire,

Tout rayonnant encor des honneurs qu'il n a plus,
« Oseras-tu, barbare, égorger Marius ? »
A ce regard, plus prompt, plus fort que le tonnerre,
L'esclave foudroyé tombe et baise la terre,
Et long-temps immobile, et les sens éperdus,
« Non, je ne puis, dit-il, égorger Marius. »
Tant brilloient à la fois dans les yeux d'un seul homme,
Et la grandeur de l'âme, et la grandeur de Rome !

NOTES
DU CHANT TROISIÈME.

(¹) Vaste et profond sujet! pour peindre ce mystère,
Il faudrait un Descarte instruisant un Voltaire.
Essayons toutefois, et montrons dans mes vers
L'âme entière à l'aspect de l'immense univers.

Nous avons parlé du système de Leibnitz sur *l'harmonie préétablie* entre l'âme et l'univers, et du rapport que les idées du philosophe allemand ont à cet égard avec celles de Platon. (*Voyez* la note 22 du premier chant.) Cette opinion a été souvent combattue en métaphysique, où si peu de choses sont démontrées, et où les démonstrations sont si rarement utiles. Mais, comme nous l'avons dit, elle est favorable à la poésie. Si l'on reprochait à Delille l'espèce de préférence qu'il paraît avoir pour une théorie vaine, mais qui du moins lui inspire de très-beaux vers, il serait aisé de répondre, en demandant quel est le philosophe qui a expliqué le mystère des opérations de l'esprit humain, et dont le système réponde à toutes les objections.

(²) Elle marche, et son port a trahi la déesse.

Rien encore n'a révélé à Énée Vénus, sa mère, déguisée sous les traits et le costume d'une jeune chasseresse : elle se détourne, fait un pas, et son secret est trahi; la divinité tout entière s'est manifestée :

> Rosea cervice refulsit,
> Et vera incessu patuit dea.
> Æn., I, 409.

Elle marche, et son port révèle une déesse.

C'est qu'il y avait dans ce mouvement de tête, dans cette démarche de Vénus, quelque chose de cette grâce inexprimable qui ne pouvait appartenir qu'à une déesse, et qui la trahit à son insu dans cette circonstance.

(³) Sans avancer d'un pas, dévorant le chemin.

C'est un des plus beaux vers de Stace, déjà transporté avec succès par Pope, dans sa Forêt de Windsor :

> The impatient courser pants in every vein,
> And, pawing, seems to beat the distant plain.

> Pereunt vestigia mille
> Ante fugam, absentemque ferit gravis ungula campum.

(4) Mais qu'une vaste armée, en un profond silence,
Garde un calme imposant, et lentement s'avance.

Cet effet du silence, observé par une armée qui s'avance au combat, est tellement vrai, tellement sûr, que les tacticiens et les hommes les plus expérimentés dans l'art de la guerre ont toujours recommandé ce moyen de succès, et que dans une foule d'occasions il a amené de très-grands résultats. Les barbares indisciplinés poussent ordinaiment de grands cris lorsqu'ils marchent à l'ennemi, mais ce sont plutôt des cris d'alarme que des élans de courage; et il est rare qu'ils soutiennent de sang-froid le choc d'une armée silencieuse et bien disciplinée.

(5) Cette *soudaineté* que nous vante Montagne;
Et l'heureux à-propos en tout temps l'accompagne.

Le mot *soudaineté* a vieilli. L'Académie française, dans son dictionnaire, avertit qu'il est peu *usité*. Delille, pour qui notre langue poétique est si riche, si harmonieuse et si flexible, n'a pas besoin du secours des mots nouveaux; mais il a, plus qu'aucun de nos poètes vivants, le droit de rajeunir et d'accréditer une expression ancienne, quand elle ajoute à l'énergie et à la précision du style. Au reste, la grâce caractérisée par l'à-propos et la *soudaineté* nous rappelle cette jolie pièce de Rhulière, imprimée dans quelques recueils, et qui mérite d'être plus connue :

  Cet infatigable vieillard,
   Qui toujours vient, qui toujours part,
 Qu'on appelle sans cesse en craignant ses outrages,
 Qui mûrit la raison et même la beauté,
 Et que suivent en foule, à pas précipité,
 Les heures et les jours, et les ans, et les âges;
 Le Temps, qui rajeunit sans cesse l'univers,
 Et, de l'immensité parcourant les espaces,
 Détruit et reproduit tous les mondes divers,
 Un jour, d'un vol léger suspendu dans les airs,
 Aperçut Aglaé, la plus jeune des Grâces.
 Son cortége nombreux fut prompt à s'écarter;

Le dieu descendit seul vers la jeune immortelle;
Ainsi l'on voit encore, à l'aspect d'une belle,
Les heures, les jours fuir, et le temps s'arrêter.
Il parut s'embellir par le désir de plaire;
  Et sans doute le dieu du temps
  Sut préparer, sut choisir les instants,
  Ceux de parler, ceux de se taire;
Enfin, il fut heureux malgré ses cheveux blancs.
Un autre dieu naquit de ce tendre mystère,
  Cherchez la troupe des amours,
  La plus leste, la plus gentille,
  Vous l'y rencontrerez toujours;
  C'est un enfant de la famille.
  Le don de plaire promptement,
Les rapides succès, les succès du moment,
  Forment surtout son apanage;
  Il est le dieu des courtisans,
Et la faveur des cours est encor son ouvrage,
Même quand elle vient par les soins et les ans.
  Il donne de la vogue au sage,
  Quelquefois de l'esprit aux sots;
Le bonheur aux amants, la victoire aux héros;
On ne le voit jamais revenir sur ses traces :
Il fuit comme le temps, il plait comme les Grâces,
  Et c'est le dieu de l'à-propos.

(6) Déjà je vois rougir ses timides attraits,
 Et crains, en les peignant, de profaner ses traits.

Nous avons pensé qu'on lirait avec quelque intérêt le morceau suivant, traduit d'un auteur allemand, Wieland, que plusieurs lecteurs connaissent au moins de nom, et que nous verrons sans doute tôt ou tard triompher du préjugé qui continue d'élever une barrière entre la France et la littérature allemande.

« A l'occasion d'une Diane de Myron, je parlai du désir que j'aurais de voir les *Grâces* que Socrate avoit sculptées dans sa jeunesse : elles ne méritent pas que tu les voies, répondit-il : je n'en ai jamais été content; mais depuis que j'ai vu *tes grâces*, je sens que je trouverais les miennes dix fois plus roides et plus froides qu'auparavant. — *Mes grâces!* dis-je d'un air d'étonnement; elles sont, il est vrai, fort gentilles, du reste... — Je ne parle pas de tes esclaves, belle Laïs, mais de tes propres grâces. — Ne me donne pas de vanité, Socrate; je te croyais incapable de flatterie. — Pour te prouver qu'il n'y a ici ni flatterie ni badinage, je m'explique. Depuis que je te connais, je remarque en toi trois choses qui te distinguent de toutes les belles que j'ai vues, et qui sont, pour toi, ce que les Grâces sont à la déesse de l'amour. La *première* est un sourire qui n'appartient qu'à toi, presque imperceptible, doucement répandu sur toute ta figure, et qui ne disparaît jamais entièrement, soit que tu parles ou que tu écoutes, même quand tu vois ou entends quelque chose qui te déplaît, et que tu laisses apercevoir de la tristesse ou de l'indignation. La *seconde* est une légèreté d'une élégance incomparable dans tous tes mouvements, toutes tes attitudes; qui, quand tu marches, te donne quelque chose d'aérien, et, quand tu es en repos, fait croire que tu vas quitter la terre; qui ne dégénère jamais en négligence ni en étourderie, et qui est toujours accompagnée de la plus noble décence et de la dignité la plus naturelle. — Pendant qu'il parlait ainsi avec un grand air de bonhomie, je sentis une rougeur subite se répandre sur mon visage, en pensant que je ne faisais que jouer la comédie avec cet homme respectable. — Bon, dit-il, voilà ta *troisième* grâce, cette aimable rougeur, fille de la délicatesse la plus exquise, qui n'ôte rien à la noblesse de tes traits et à l'expression du sentiment de ta propre valeur, et, par là, se distingue de la rougeur causée par l'embarras de l'enfant ou de l'homme grossier. Un sculpteur, qui aurait assez de génie et de talent pour donner un corps à ce *sourire*, à cette *légèreté* et à cette *rougeur*, et les représenter sous la forme de trois nymphes, nous aurait représenté les *Grâces*. »

(7) Fait luire une comète, un Voltaire, un Rousseau,
Fait mugir un volcan, tonner un Mirabeau.

On sent d'abord tout ce qu'il y a d'ingénieux, et de vrai surtout, dans ce rapprochement avec les grands phénomènes de la nature, de trois hommes diversement célèbres, qui ont été pour le monde moral ce que sont dans l'ordre physique les comètes et les volcans. Nous ne dirons rien des deux premiers : leurs œuvres et la révolution les ont jugés; et nous ne considérerons un moment le troisième que sous le rapport de cette désastreuse éloquence, qui, pour suivre dans son application la métaphore de Delille, tonna en effet comme un *volcan*, dont les éruptions violentes ébranlèrent et finirent par renverser les bases de l'ordre social en France, et bientôt après dans le reste de l'Europe, jusqu'à ce qu'il périt, englouti lui-même par le cratère qui avait dévoré nos plus belles institutions. Tel dut être l'issue d'une vie qui n'avait été qu'une longue suite d'insurrections contre tous les pouvoirs légitimes : ils n'étaient, aux yeux de Mirabeau que des variétés du despotisme ; et les lois, pour peu qu'elles blessassent ses intérêts ou ses passions, n'étaient que le code de la tyrannie régularisée. Il n'eut de principes arrêtés ni de système fixe sur rien, si ce n'est celui de tout asservir à la fougueuse impétuosité de ses passions, et de se jouer des différents partis, qui le jouèrent et le perdirent à leur tour.

([8]) Et, jusqu'au fond du nord portant nos goûts divers,
Le mannequin despote asservit l'univers.

Mademoiselle Bertin, marchande de modes de la reine, envoyait, dit-on, en Russie, chaque mois, et peut-être chaque semaine, une grande poupée habillée et coiffée à la dernière mode. En copiant exactement ce modèle, les dames de Saint-Pétersbourg étaient sûres d'êtres mises, non pas comme l'étaient au moment même celles de Paris, mais au moins comme elles l'avaient été trois semaines auparavant.

(9) Mais quels pays lointains, quels barbares climats
De nos derniers malheurs ne retentissent pas?

C'est l'exclamation du chef des Troyens, retrouvant sur les murs du temple de Carthage une image des revers de Troie :

Quæ regio in terris nostri non plena laboris !
Æn., I. 464.

(10) O mes concitoyens ! dites-moi de quel nom
Se nomment aujourd'hui ma ville, mon canton ?

Ici le poëte daigne rappeler deux des folies les moins barbares, mais les plus ridicules qui aient signalé la révolution française. La première est le calendrier républicain, fabriqué par Romme et Fabre-d'Églantine. Quand il serait vrai que la division des mois y fût plus conforme à la marche de l'année, et marquât mieux la division des saisons, ce n'en était pas moins une invention absurde, qui jetait du désordre, de la confusion dans nos relations de toute espèce avec les autres peuples, et nous isolait, pour ainsi dire, du reste de l'Europe. L'autre folie nous rendait en quelque sorte étrangers chez nous-mêmes ; c'était celle des nouveaux noms donnés aux villes, bourgs et villages, quand les anciens noms étaient de nature à réveiller quelque souvenir religieux ou monarchique.

Ces décrets, à la fois ridicules et barbares, qui, pour anéantir d'anciennes habitudes ou consacrer des souvenirs odieux, changeaient les noms de nos villes et de nos provinces, formaient une nouvelle géographie bien digne de ses ineptes auteurs. Chaque jour effaçait sur la carte quelqu'une de nos cités les plus opulentes, les plus industrieuses ou les plus célèbres : Lyon, Marseille, Toulon avaient disparu, et c'est dans ce sens qu'il eût été permis à M. Burke de dire qu'il cherchait la France en Europe, et ne l'y trouvait plus. Quel Français même pouvait se croire dans sa patrie, quand il entendait nommer *Vedette Républicaine*, *Nord-Libre*, *Sud-Libre*, *Ville-sans-Nom*, *Commune Affranchie*, *Ouen*, *Cloud*, *Franciade*, *Port de la Montagne*, etc.? A cette mémorable époque, un homme d'esprit, allant prendre les eaux dans une de nos villes les plus connues, donna son adresse à *Burges-le-Vilain*, par *Marat-les-Forêts* et *Brutus-le-Magnanime*. On fut obligé de consulter une carte du *bon temps*, et l'on découvrit, par les noms correspondants, que M.*** était à Bourbon-l'Archambaud ou Bourbon-les-Bains, et que la route de la poste passait par Fontainebleau et Saint-Pierre-le-Moutier. Cette carte est un monument qui a l'éloquence des ruines, et qui donne d'effrayantes leçons.

(11) De son heureux rival il l'achète à prix d'or,
  Et dans sa serre avare enterre son trésor.

On connaît le trait d'un amateur, qui renchérit encore sur celui qu'on vient de lire. Il se croyait possesseur d'une fleur unique; mais ayant appris qu'il en existait une pareille dans un jardin, il alla chez le propriétaire, la marchanda, en donna le prix demandé, et l'écrasa à l'instant même sous ses pieds.

Au reste, notre poëte avait déjà ridiculisé cette manie de préférer en tout les choses les plus rares aux plus belles et aux plus utiles. On n'a point oublié ces vers charmants :

> Je sais que dans Harlem plus d'un triste amateur
> Au fond de ses jardins s'enferme avec sa fleur ;
> Pour voir sa renoncule avec l'aube s'éveille ;
> D'une anémone unique admire la merveille,
> Ou, d'un rival heureux enviant le secret,
> Achète au poids de l'or les taches d'un œillet.
> Laissez-lui sa manie et son amour bizarre :
> Qu'il possède en jaloux, et jouisse en avare.
> *Les Jardins*, ch. III.

J. J. Rousseau se moque également (*Nouv. Hél.*, part. IV, lett. XI) « de ces petits curieux, de ces petits fleuristes, qui se pâment à l'aspect d'une renoncule, et se prosternent devant des tulipes ».

(12) Est-ce Homère ou Platon ? Non, c'est quelque feuillet
    D'un vieux tome échappé du bûcher de Servet.

Servet était un médecin ignorant et un pédant opiniâtre, qui s'avisa d'écrire un livre très ennuyeux, et fort heureusement devenu très-rare, contre le mystère de la Trinité. Ses opinions différaient sur quelques points de celles de Calvin, encore plus opiniâtre et surtout plus puissant que lui. Servet, s'étant échappé des prisons de Vienne, fut arrêté à Genève, où son implacable rival fit procéder contre lui avec la barbarie d'un théologien gonflé de fanatisme et d'orgueil. A force de tourmenter les juges, d'employer le crédit de ceux qu'il dirigeait, et de crier que Dieu même demandait le supplice de cet *antitrinitaire*, il parvint à le faire brûler vif avec tous ses ouvrages (1553). Ainsi les magistrats de Genève, qui ne reconnaissaient point de juge infaillible du sens de l'Écriture sainte, condamnèrent au feu Michel Servet, parce que, dans l'interprétation de cette même Écriture, il ne voulait point adopter l'opinion d'un enthousiaste qui pouvait se tromper comme lui. Ce qui n'est pas moins remarquable, c'est que Calvin fit imprimer une apologie de sa conduite, qui fut traduite par Colladon, l'un des juges de Servet, et qu'il y soutient qu'il est juste et nécessaire de faire brûler les hérétiques. On voit par là que les docteurs protestants n'ont pas toujours été les apôtres de la tolérance ; que les synodes ont quelquefois pensé comme l'inquisition ; qu'il ne leur a peut-être manqué qu'un peu plus de pouvoir pour agir souvent comme elle ; et que ces actes d'une démence atroce, que les incrédules affectent de reprocher à la religion, quoiqu'elle les condamne plus sévèrement que la philosophie, n'appartiennent exclusivement à aucune église, et ne doivent être imputés qu'à l'esprit barbare des siècles où ils ont été commis.

Comme on fit une perquisition sévère des ouvrages théologiques de Servet, pour les brûler comme lui, ils sont devenus fort rares, et, par cette seule raison sans doute, ils sont très-estimés des bibliomanes. Les amateurs d'ouvrages *échappés du bûcher* ont, pour les guider dans leurs recherches, un *Dictionnaire des livres condamnés au feu*, en deux volumes in-8°, par M. Peignot.

(13) Et l'abondance enfin les dépréciant tous,
    Comme il eût jeté l'or, il jette ses cailloux.

On lit, dans une lettre fort connue, que Delille écrivait d'Athènes à une dame de Paris (voyez la *Notice*, pag. XIX) : « Il faut que je vous conte encore une superstition de mon amour pour l'antiquité. Au moment que je suis entré tout palpitant dans Athènes, ses moindres débris me paraissaient sacrés. Vous connaissez l'histoire de ce sauvage qui n'avait jamais vu de pierres ; j'ai fait comme lui : j'ai rempli d'abord les poches de mon habit, ensuite de ma veste, de morceaux de marbre sculptés, et puis, comme le sauvage, j'ai tout jeté, mais avec plus de regret que lui. »

(14) « Laissez, laissez venir ces enfants jusqu'à moi »,
    Disoit cet homme-Dieu dont nous suivons la loi.

Sinite pueros venire ad me, dit le législateur des chrétiens. Aucune religion connue ne prêche aux hommes une morale aussi douce, aussi pure, aussi touchante que celle de l'Evangile. Elle supplée à toutes les lois humaines pour la protection du faible, et se charge seule de consoler les malheureux. Cette observation, qu'on a faite mille fois, prouve la vérité de celle contenue dans la note 12 ci-dessus.

(15) *Dans l'une tout commence, et dans l'autre tout cesse.*

On contestera peut-être à l'auteur la justesse de ce dernier hémistiche : tout ne cesse point pour le vieillard, tant que la vie circule encore dans ses veines ; et sans doute l'imagination doit voir en lui quelque chose qui ne descend pas au tombeau. Mais personne ne sera tenté de donner une fausse interprétation à ce vers, en se rappelant le dithyrambe de Delille sur *l'Immortalité de l'âme*.

   Non, ce n'est point un vain système,
C'est un instinct profond vainement combattu,
   Et sans doute l'Être suprême
   Dans nos cœurs le grava lui-même,
Pour combattre le vice et servir la vertu.

   Dans sa demeure inébranlable,
   Assise sur l'éternité,
   La tranquille Immortalité,
 Propice au bon et terrible au coupable,
Du temps, qui sous ses yeux marche à pas de géant,
   Défend l'ami de la justice,
   Et ravit à l'espoir du vice
   L'asile horrible du néant.

Oui, vous qui, de l'Olympe usurpant le tonnerre,
Des éternelles lois renversez les autels ;
   Lâches oppresseurs de la terre,
   Tremblez, vous êtes immortels !

Et vous, vous, du malheur victimes passagères,
Sur qui veillent d'un Dieu les regards paternels,
Voyageurs d'un moment aux terres étrangères,
  Consolez-vous, vous êtes immortels !

Le poëte qui, dans les jours de la plus absurde et de la plus honteuse dépravation, défendait avec tant de noblesse et d'énergie une vérité qui est la base de la religion et de la morale (voyez la *Notice*, page xxx, et les *Poésies fugitives*, tome I, page 181). n'a pas besoin d'être justifié, quand il dit que tout cesse dans la vieillesse. Il est évident qu'il ne parle que de l'affaiblissement progressif de toutes nos facultés.

(16) Je sors, j'erre à pas lents sur cette lave immense,
Triste, inhospitalière, et calcule en silence
Les temps, les temps lointains où la stérilité
Rendra ce sol aride à la fertilité.

Les laves du mont Etna deviennent régulièrement, par le progrès des années, les champs les plus fertiles de la terre. Mais combien faut-il de siècles pour leur donner cette excessive fécondité, puisque après deux mille ans elles ne sont encore, en plusieurs endroits, que des rochers arides ? Il y a près de Catane un espace très-considérable, dont le sol n'est qu'une lave profonde, à peine couverte de quelques végétaux clair-semés, et sur laquelle il est impossible de cultiver la vigne ou le blé. Cependant le chanoine Recupero, qui a écrit une histoire de l'Etna, rapporte, d'après Diodore de Sicile, que cette lave est sortie du cratère dans une éruption du volcan qui eut lieu pendant la seconde guerre punique. La ville de Taormina envoyait un détachement au secours de Syracuse, assiégée par les Romains : les soldats furent arrêtés dans leur marche par ce courant de lave, qui avait déjà gagné la mer avant leur arrivée au pied de la montagne, et qui, leur coupant le passage, les obligea de retourner par la croupe de l'Etna l'espace de plus de cent milles. Ce fait est prouvé par les inscriptions tirées de quelques monuments romains qu'on a trouvés sur cette lave, et confirmé par le témoignage des anciens auteurs siciliens. Il en résulte, en jugeant par analogie, que les parties du territoire de Catane qui ne sont qu'une lave fertilisée supposent des éruptions d'une antiquité prodigieuse, dont il est difficile de concilier les dates avec la chronologie sacrée. Un voyageur anglais (BRYDONE, *Voyage en Sicile et à Malte*) assure que le chanoine orthodoxe était fort embarrassé de ce raisonnement; que Moïse le chagrinait beaucoup, et ralentissait son ardeur à écrire l'histoire de l'Etna; et qu'il ne pouvait pas se persuader que sa montagne fût aussi récente que la création du monde. Ce n'est pas ici le lieu de s'occuper des scrupules du chanoine Recupero, dont les doutes ont été facilement éclaircis et les objections victorieusement réfutées.

(27) Viens donc, viens, charme heureux des arts et des amours ?
Je te chantai deux fois : inspire-moi toujours.

Une dame, distinguée par la tournure originale et brillante de son esprit, a presque fait un système de l'influence de la mélancolie dans la littérature et dans les beaux-arts. Elle assure d'abord qu'il n'y a rien de grand et de philosophique sans *mélancolie*. Réunissant ensuite ce principe avec celui de la perfection progressive de l'esprit humain, elle prétend qu'on était moins mélancolique au siècle d'Alexandre qu'au siècle d'Auguste, et que, parmi les Romains, Sénèque est plus mélancolique que Cicéron. Bientôt les quatre âges qui ont le plus honoré l'humanité, ceux de Périclès, d'Auguste, de Léon X, et de Louis XIV, lui paraissent inférieurs au nôtre; d'où l'on pourrait au moins conclure que nos auteurs ont atteint la *perfection de la mélancolie*. Cette opinion peut être soutenue avec succès pour la littérature du Nord, mais nullement pour la littérature française. On trouve rarement, dans nos plus grands poëtes du XVIII⁰ siècle, cette douce et profonde mélancolie qui respire si souvent dans Virgile. On ne la rencontre pas plus dans nos plus grands prosateurs. Seulement elle a inspiré des pages éloquentes à J. J. Rousseau et à Bernardin de Saint-Pierre ; mais, plus profonde dans le premier, plus douce dans le second, elle n'est la principale qualité d'aucun des deux. Au reste, si quelque chose pouvait nous permettre de croire que les modernes, en ce genre, ne sont pas toujours inférieurs aux anciens, ce sont les vers de Delille qui ont fourni l'occasion de cette note. On aimera sans doute à leur comparer ceux de La Harpe sur le même sujet.

    C'est là, c'est dans l'obscurité,
Que, fuyant le tumulte, et dans soi recueillie,
    Vient s'asseoir la Mélancolie.

Pour y rêver en liberté.
Ses maux et ses plaisirs ne sont connus que d'elle,
A ses chagrins qu'elle aime elle est toujours fidèle,
Ne se plait que dans l'ombre et dans les lieux déserts;
Elle verse des pleurs qui ne sont point amers;
Tout entière à l'objet dont elle est possédée,
Ne redit qu'un seul nom, n'entretient qu'une idée,
Et chérit son secret qui s'échappe à moitié.
Son regard triste et doux inspire la pitié;
Elle étouffe sa plainte et soupire en silence;
Elle n'ose qu'à peine embrasser l'espérance,
Et tremble en adressant un timide désir
Vers un bonheur lointain qui toujours semble fuir.

Ces vers ont, comme ceux de Delille, le caractère et le charme pénétrant de la mélancolie: les deux poëtes l'inspirent en la définissant.

(18) Telle, sur un rameau, Philomèle éplorée
    Accuse son malheur, et le pâtre inhumain, etc.

Il n'est personne qui ne reconnaisse ici cette touchante comparaison de Virgile, *Géorg.* IV, 511:

Qualis populea mœrens Philomela sub umbra
Amissos queritur fetus, quos durus arator
Observans nido implumes detraxit; at illa
Flet noctem, ramoque sedens miserabile carmen
Integrat, et mœstis late loca questibus implet.

Delille l'avait rendue par ces vers pleins de douceur et d'harmonie:

Telle sur un rameau, durant la nuit obscure,
Philomèle plaintive attendrit la nature;
Accuse en gémissant l'oiseleur inhumain,

Qui, glissant dans son nid une furtive main,
Ravit ces tendres fruits que l'amour fit éclore,
Et qu'un léger duvet ne couvrait pas encore.

La critique lui reprocha d'avoir négligé quelques circonstances de cet intéressant tableau, telles que *observans nido*, *miserabile carmen*, *late loca questibus implet*; et surtout la coupe savante du vers latin :

At illa
Flet noctem, ramoque sedens, etc.

Delille répondit en grand poëte, et traduisit avec une rigoureuse fidélité ce qu'il avait d'abord imité avec tant de charme et d'élégance.

(19) Déité de Shakespeare, ô toi, qui des ténèbres
Aimes l'effroi tragique et les scènes funèbres.

Aucun poëte tragique n'a, depuis Eschyle, porté la terreur aussi loin que Shakespeare. Mais c'est dans son *Macbeth* surtout qu'il a déployé tout ce que ce grand moyen renferme de puissance et d'énergie : peut-être même a-t-il franchi les bornes, et n'a-t-il pas su s'arrêter où commence l'horrible. Le passage de Delille qui donne lieu à cette note nous transporte, avec le poëte, dans la caverne où les trois magiciennes de Shakespeare préparent leurs noirs enchantements, au milieu des éclats de la foudre, et des accords barbares d'une musique infernale. Dans la scène suivante, plus terrible encore, les magiciennes, consultées par Macbeth, évoquent et font paraître devant lui les ombres menaçantes de ses nombreuses victimes. Ducis n'a pas osé tenter l'imitation de ces grands effets : nos convenances théâtrales les eussent repoussés.

Nos musas colimus severiores.

(20) . . . . L'un sur l'autre abattus
Cent ministres sanglants jonchent le sanctuaire;
Dulau tombe content dans les bras de son frère.

Dans le cours de cette longue et mémorable révolution, il n'y a pas eu peut-être de scènes plus horribles et plus faites pour glacer d'effroi les contemporains et la postérité, que les massacres commis le 2 et le 3 septembre 1792 : cent quatre-vingts personnes furent égorgées à l'Abbaye, et deux cent quarante-quatre dans le jardin des Carmes et au séminaire de Saint-Firmin. On comptait parmi celles-ci cent quatre-vingt-cinq prêtres, dignes d'avoir à leur tête le vénérable archevêque d'Arles (M. Dulau), et les évêques de Saintes et de Beauvais, deux prélats dont les mœurs et les vertus semblaient rapprocher de nous les premiers siècles de l'Église. Ils étaient frères, et de cette illustre maison de Larochefoucauld, dont le nom, également cher à la religion, à l'Etat et aux lettres, se mêle depuis quatre cents ans à tous les souvenirs glorieux de la monarchie. L'évêque de Saintes n'avait pas été arrêté, mais, voyant son frère en prison, il voulut partager son sort. Le jour du massacre, ils étaient réunis au pied de l'autel avec leurs compagnons d'infortune.

Les assassins firent sur eux une décharge de leurs fusils presqu'à bout portant. L'évêque de Beauvais ne fut point atteint; celui de Saintes eut la jambe cassée : il fut porté tout sanglant sur un lit voisin. Une espèce d'ordre, dernier degré de la scélératesse réfléchie, s'établit alors dans cette exécrable exécution. Tous les prêtres furent enfermés dans l'église des Carmes : on les en tira deux à deux pour les conduire au jardin, et les bourreaux les attendaient sur l'escalier, où ils les égorgeaient avec cette cruauté froide et mesurée qui fait frémir d'horreur et d'indignation. Lorsque le tour de l'évêque de Beauvais fut arrivé, on vint le prendre au pied de l'autel qu'il tenait embrassé; il se leva tranquillement et alla mourir. L'évêque de Saintes fut un des derniers appelés; il répondit aux assassins qui lui ordonnaient de les suivre : « Vous voyez l'état où je suis ; j'ai une jambe cassée, aidez-moi, je vous prie, à marcher, et j'irai volontiers au martyre. » Deux brigands le soutinrent et le conduisirent sur l'escalier, où le reste de son sang fut confondu avec celui de son frère et de ses compagnons. C'est à ce prélat vénérable, et non à M. Dulau, que doit s'appliquer le vers de Delille.

Quant à l'archevêque d'Arles, il fut le premier que les cannibales demandèrent en entrant dans la chapelle. L'abbé de La Pannonie, auquel ils s'adressèrent, était en ce moment à côté de lui. Persuadé que, s'il pouvait donner le change aux bourreaux, il sauverait, par sa mort, les jours du prélat, cet homme généreux baissa les yeux sans répondre, imitant ainsi la grandeur d'âme que madame Élisabeth avait montrée, le 20 juin de la même année, lorsqu'elle défendit, au péril de sa vie, de détromper les brigands qui la prenaient pour la reine. Mais à son âge, à ses cheveux blancs, au signalement qu'il en avait peut-être, un des assassins reconnut l'archevêque : « C'est donc toi, lui dit-il, qui es l'archevêque d'Arles ? — Oui, messieurs, c'est moi. — C'est toi qui as fait verser le sang des patriotes du Midi ? — Je n'ai jamais fait verser le sang de personne, ni fait de mal à qui que ce soit au monde. — Eh bien ! je vais t'en faire, moi ! » A ces mots, ce misérable lui porte un coup de sabre sur le front. Le prélat le reçoit et reste immobile. Un second coup le fait chanceler ; un troisième le renverse : il tombe en s'appuyant sur sa main gauche, sans pousser un cri, sans proférer une plainte. Alors un de ces scélérats lui enfonça sa pique dans la poitrine, avec tant de violence, que le fer y resta : il monta sur son corps palpitant et le foula aux pieds !...

Ainsi périt ce digne archevêque, à l'entrée de la chapelle, presque sur les marches de l'autel, et pour ainsi dire au pied de la croix, étendard auguste et monument sacré de la mort du Dieu pour lequel il avait combattu. On assure qu'on lui avait proposé souvent les moyens de sortir de sa prison, en alléguant son âge et ses infirmités. Jamais il n'y voulut consentir. « Je suis bien ici, répondit-il constamment ; je dois l'exemple, et je

suivrai du moins celui que me donnent mes res-
pectables compagnons. »

(²¹) Reçois donc mon tribnt, ô toi, de qui la main,
Sur leur roc plus solide et plus dur que l'airain,
Grava mes faibles vers!

Plusieurs voyageurs de différentes nations ont gravé sur les Pyramides ce beau vers du poëme des *Jardins*, relatif aux monuments de l'ancienne Rome, mais plus applicable encore à ceux de l'Égypte :

Leur masse indestructible a fatigué le temps.

(²²) Et toi, terrible mer, séjour tempétueux,
Déjà j'ai célébré tes champs majestueux...

Voyez, dans le chant III de l'*Homme des champs*, le magnifique morceau où le poète décrit les grandes révolutions des mers, formant dans leur sein des montagnes par d'énormes amas de coquillages, etc., ensuite délaissant les continents qu'elles ont couverts, pour en envahir d'autres qu'elles abandonneront à leur tour.

(²³) Aux mouvements des cieux tes mouvements répondent,
Phébé règle tes flots; tes flots suivent son cours,
Et, toujours menaçants, obéissent toujours.

L'auteur du poëme de *la Navigation* s'exprime ainsi (Chant I) sur le phénomène des marées :

Secret de l'océan, ô flux mystérieux!
Daigneras-tu jamais dévoiler à nos yeux

Le moteur qui deux fois dans la même journée
Retire et rend les flots à la rive étonnée ?
Sur son trône de feu l'astre de l'univers
Règle-t-il à son gré tes mouvements divers ?
Dans l'ombre de la nuit, son heureuse rivale
Les tient-elle asservis à sa marche inégale ?
Et d'où vient qu'en tous lieux, fidèles et réglés,
L'Euripe seul les voit inconstants et troublés ?

(24) Monts augustes, c'est vous dont la cime idolâtre
Du culte de Mithra fut le premier théâtre.

« Mithra ou Mithras, divinité persane, que les Grecs et les Romains ont confondue avec le Soleil; mais qui, suivant Hérodote, n'était autre que la Vénus céleste ou l'Amour, principe des générations et de la fécondité, qui perpétue et rajeunit le monde... Les Romains adoptèrent ce dieu des Perses, comme ils avaient adopté ceux de toutes les autres nations... Le culte de Mithras, avant de venir en Grèce et à Rome, avait passé de la Perse en Cappadoce, où Strabon dit avoir vu un grand nombre de ses prêtres. Ce culte fut porté en Italie du temps de la guerre des pirates, l'an de Rome 687, et y devint très-célèbre dans la suite, surtout dans les derniers siècles de l'empire. » (*Dictionnaire de la Fable*, par M. Noel.)

(25) Je ne vois qu'un grand cercle où se perd mon regard,
Dont le centre est partout, et les bords nulle part.

Pascal avait dit de l'ensemble de la création :
« C'est une sphère infinie, dont le centre est partout, la circonférence nulle part. » Avant Pascal,

Timée de Locres avait appliqué à Dieu la même comparaison, exprimée dans les mêmes termes.

(26) *Voyez, quand Marius aux prisons de Minturne*
Assoupit un moment sa douleur taciturne,
Ce Cimbre l'approcher un poignard à la main...

Nous avons entendu dire à Delille qu'il avait tâché de rendre dans ce passage une belle expression, dont Cicéron se sert pour peindre le feu qui sort des yeux d'un homme accoutumé au commandement et à la victoire. *Oculorum imperatorius ardor.* Plutarque dit que le Cimbre crut voir sortir des yeux de Marius deux *flammes ardentes.*

Marius n'eut d'autres qualités que celles d'un soldat, et d'autres talents que ceux d'un grand général. Dès qu'il cessa de combattre les Cimbres et les Teutons, il fut le fléau de Rome et de l'humanité. L'austérité de ses mœurs n'était que la férocité de son caractère. Son mépris des richesses, son infatigable activité ne prouvent que la soif du pouvoir dont il était dévoré. Il sacrifiait tout à son ambition effrénée; et comme l'a très-bien dit un écrivain moderne, toutes ses vertus prirent leur source dans ses vices.

Quoi qu'il en soit, ses talents militaires, ses grands succès, ses vices nombreux, ses cruautés, ses malheurs mêmes, en font un des caractères les plus remarquables de l'histoire romaine, et des plus favorables à la poésie et à la peinture : elles l'ont prouvé par la tragédie de M. Arnault, et le tableau de Drouais.

CHANT QUATRIÈME.

L'IMAGINATION,
POËME.

CHANT QUATRIÈME.

IMPRESSION DES LIEUX.

Oh! que l'homme sait bien embellir l'univers!
Sans lui, du monde entier les spectacles divers
Languissent sans attraits, sans intérêt, sans âme;
Mais, doué par les dieux d'une céleste flamme,
L'homme passionné les passionne tous,
Donne aux fleurs la gaîté, donne aux mers leur courroux,
La mémoire aux rochers, aux myrtes la tendresse,
L'étonnement aux uns, aux autres la tristesse:
Et chaque être à son tour, par ce charme vainqueur,
Lui rend les sentiments que lui prête son cœur.
Eh! qui n'a pas connu ces rapports invisibles
Des corps inanimés et des êtres sensibles?
Les lieux même, les lieux savent nous émouvoir;
J'en sentis les effets: j'en peindrai le pouvoir.

 Ou déserts, ou peuplés, ou riants, ou sauvages,
Les lieux frappent nos sens par diverses images.

Un lieu sauvage plaît par sa mâle âpreté.
Loin des jardins riants, de leur molle beauté,
Je vole, je m'enfonce aux champs où la Norwége (1)
Entasse jusqu'aux cieux ses colonnes de neige,
Aux champs de Sibérie, aux bords où de Thulé
La mer bat en grondant le rivage ébranlé.
Les aigles, les vautours, au-dessus de ma tête,
Mêlent leur cri terrible au cri de la tempête.
De ces monts, de ces rocs l'effroyable chaos,
Les flots avec fracas retombant sur les flots,
Tout m'effraie et me plait. Mais lorsque ma pensée
Par des objets riants veut être délassée,
Dans un climat plus doux et sous un ciel plus pur,
Je vole, avec Horace, aux vergers de Tibur (2).
Aux lieux où l'Anio, dans sa chute rapide,
Verse au loin la fraîcheur de sa poussière humide,
A travers les rochers, les bois retentissants,
Je suis sa course agile et ses flots bondissants.
Et toi, qui de Sénèque alarmais la sagesse (3),
Que Properce interdit à sa jeune maîtresse,
Lieu charmant, dont la mer, et la terre et les cieux
Formèrent à l'envi l'aspect délicieux,
Baie, enfin, je te vois; je vois tes frais bocages!
Voilà ta mer d'azur, voilà tes beaux rivages!
C'est ici qu'autrefois ces superbes Romains
Venaient se délasser du malheur des humains.
D'autres regretteront ces scènes fastueuses
Où, parmi les concerts, les voix voluptueuses,

CHANT IV.

Les danses et les chants, les fêtes et les arts,
Chevaliers, magistrats, et consuls, et Césars,
Dans ces palais hardis, usurpateurs de l'onde,
Buvaient et le Falerne et les larmes du monde (1).
Moi, simple ami des arts, du haut de ces coteaux
Dont les ombres, le soir, descendent sur les eaux,
A l'heure où sont unis, sur l'eau resplendissante,
Le soleil expirant et la lune naissante,
Au murmure flatteur de l'onde qui s'endort,
De la vague qui vient expirer sur le bord,
Et des zéphyrs légers glissant sur la verdure,
De tous ces sons lointains, concert de la nature,
Sur les temples, les monts, les îles d'alentour,
J'égare en paix mes yeux : je passe tour à tour
Du paysage aux mers, des mers au paysage,
Et conduis, en rêvant, les flots vers le rivage.

Toutefois, de nos mœurs, de leurs penchants secrets,
Dépend l'impression du site et des objets :
Si l'âme s'abandonne à la mélancolie,
Un sol moins gai plaît mieux à l'âme recueillie.
Un cœur content se plaît en d'agréables lieux ;
Conformes à notre âme, ils plaisent à nos yeux.
Mais si le noir chagrin, la douleur violente,
Porte au cœur malheureux sa fougue turbulente,
Le site le plus doux ne lui rend pas la paix.
En contemplant de loin ces paysages frais,
Il croit que leur repos, la douce solitude,
Va calmer de son cœur l'ardente inquiétude.

Vain espoir! ces beaux lieux sont un tourment de plus.
Hélas! il porte envie aux heureux qu'ils ont vus,
Au berger qui s'y plaît, au tendre objet qu'il aime,
A son troupeau paisible, aux oiseaux, aux lieux même;
A ces lieux, dont le calme est si loin de son cœur!
Ces gazons où respire une douce fraîcheur,
Ce tapis si riant de la jeune verdure,
Cette ombre si tranquille, et cette onde si pure,
Ces arbres amoureux entrelaçant leurs bras,
Tout l'afflige à l'envi d'un bonheur qu'il n'a pas.
Il veut des bords déserts, il veut des bois sauvages,
De noirs torrents, des troncs brisés par les orages,
Des rochers dont le deuil réponde à son ennui;
Il veut des bords affreux tourmentés comme lui.

 Mais ce qui fait des lieux la plus sûre puissance,
Ah! nous l'éprouvons tous, c'est la reconnaissance;
C'est le tendre regret, dont les charmes flatteurs
Font des lieux nos amis, en font nos bienfaiteurs :
Pareils à ces esprits, à ces légères ombres
Qui, sitôt que la nuit étend ses voiles sombres,
Visitent, nous dit-on, leur antique séjour;
Ainsi les souvenirs, les regrets et l'amour,
Et la mélancolique et douce rêverie,
Reviennent vers les lieux chers à l'âme attendrie,
Où nous fûmes enfants, amants, aimés, heureux;
Après le sol natal, toujours chers à nos yeux,
S'ils n'ont pas tout l'attrait de la terre chérie
Où commença pour nous l'aurore de la vie,

Ils rappellent cet âge, où notre âme et nos sens
Par degrés essayaient leurs organes naissants.
Je l'éprouvai moi-même. Après vingt ans d'absence,
De retour au hameau qu'habita mon enfance,
Dieux! avec quel transport je reconnus sa tour,
Son moulin, sa cascade, et les prés d'alentour!
Ce ruisseau dont mes yeux tyrannisaient les ondes,
Rebelles comme moi, comme moi vagabondes;
Ce jardin, ce verger, dont ma furtive main
Cueillait les fruits amers, plus doux par le larcin,
Et l'humble presbytère, et l'église sans faste;
Et cet étroit réduit que j'avais cru si vaste,
Où, fuyant le bâton de l'aveugle au long bras,
Je me glissais sans bruit, et ne respirais pas;
Et jusqu'à cette niche, où ma frayeur secrète
A l'œil de l'ennemi dérobait ma retraite,
Où sur le sein d'Églé, qui partageait ma peur,
Un précoce plaisir faisait battre mon cœur!

   O village charmant! ô riantes demeures (5),
Où, comme ton ruisseau, coulaient mes douces heures!
Dont les bois et les prés, et les aspects touchants,
Peut-être ont fait de moi le poète des champs!
Adieu, doux Chanonat, adieu, frais paysages!
Il semble qu'un autre air parfume vos rivages;
Il semble que leur vue ait ranimé mes sens,
M'ait redonné la joie, et rendu mon printemps.

   Cette clôture même où l'enfance captive
Prête aux tristes leçons une oreille craintive,

Qui de nous peut la voir sans quelque émotion?
Ah! c'est là que l'étude ébaucha ma raison;
Là, je goûtai des arts les premières délices;
Là, mon corps se formait par de doux exercices.
Ne vois-je point l'espace où, dans l'air s'élançant,
S'élevait, retombait le ballon bondissant.
Ici, sans cesse allant, revenant sur ma trace,
Je murmurais les vers de Virgile et d'Horace.
Là, nos voix pour prier venaient se réunir;
Plus loin... Ah! mon cœur bat à ce seul souvenir (6)!
Je remportai la palme, et la douce victoire
Pour la première fois me fit goûter la gloire;
Beaux jours, qu'une autre gloire et de plus grands combats
Rappelaient à Villars, mais qu'ils n'effaçaient pas (7).
Enfin quel lieu ne cède au lieu de la naissance?
Ah! c'est là que l'amour et la reconnaissance,
Que d'un instinct puissant les secrètes douceurs,
Rappellent la pensée et ramènent les cœurs,
Surtout lorsque imposant, ou sublime, ou sévère,
Le sol frappe les yeux par un grand caractère.
L'habitant de la plaine et des riants vallons,
Insipidement gais, ou tristement féconds,
Rêve moins tendrement à ses dieux domestiques.
   Mais voyez l'habitant des rochers helvétiques:
A-t-il quitté ces lieux, tourmentés par les vents,
Hérissés de frimas, sillonnés de torrents?
Dans les plus doux climats, dans leurs molles délices,
Il regrette ses lacs, ses rocs, ses précipices,

CHANT IV.

Et comme, en le frappant d'une sévère main,
La mère sent son fils se presser sur son sein,
Leurs horreurs même en lui gravent mieux leur image;
Et, lorsque la victoire appelle son courage,
Si le fifre imprudent fait entendre ces airs (8)
Si doux à son oreille, à son âme si chers,
C'en est fait, il répand d'involontaires larmes;
Ses cascades, ses rocs, ses sites pleins de charmes,
S'offrent à sa pensée : adieu gloire, drapeaux!
Il vole à ses chalets, il vole à ses troupeaux,
Et ne s'arrête pas, que son âme attendrie
De loin n'ait vu ses monts et senti sa patrie :
Tant le doux souvenir embellit le desert!
Même les tristes lieux où nous avons souffert
Ne sont pas sans attraits. Seul sur ses rocs arides (9),
Philoctète maudit le sort et les Atrides;
Mais faut-il s'arracher à ces horribles lieux,
Il regrette son antre et lui fait ses adieux.
Regardez ce vaisseau, cette prison flottante,
Que tourmentent les vents et la mer mugissante :
Eh bien! quel nautonier ne voit avec amour
Le navire où long-temps il a fait son séjour?
Je n'oublirai jamais la tristesse profonde
D'un nocher que vingt ans avait porté sur l'onde
Un vaisseau renommé, long-temps heureux vainqueur
De la mer orageuse et des vents en fureur;
Compagnons de périls, de revers, de fortune,
Leurs maux étaient communs, et leur gloire commune.

Le tonnerre, les vents, et les flots, et les feux,
Que n'avaient-ils point vu, point affronté tous deux!
Mais enfin, succombant aux injures de l'âge,
Le vaisseau vétéran, couché sur le rivage,
Cédait à la cognée, et de robustes bras
De son corps déchiré dispersaient les éclats;
Le vieux nocher pleurait, et son âme attendrie
Croyait dans ce vaisseau regretter sa patrie :
Avec moins de douleur un monarque pieux
Voyait son Ilion s'écrouler dans les feux.
Que si l'on aime ainsi le lieu de ses souffrances,
Combien l'on doit chérir celui des jouissances!
Choisi par le plaisir, marqué par le bonheur,
C'est le témoin, l'ami, le confident du cœur.
Que j'aime ce mortel qui, dans sa douce ivresse,
Plein d'amour pour les lieux où jouit sa tendresse,
De ses doigts, que paraient des anneaux précieux,
Détache un diamant, le jette, et dit : « Je veux
Qu'un autre aime après moi cet asile que j'aime,
Et soit heureux aux lieux où je le fus moi-même (10) : »
Cœur noble et délicat! dis-moi quel diamant
Égale un trait si pur, et vaut ton sentiment!

 Vers tous les lieux enfin quel pouvoir nous ramène?
Vers les uns le plaisir, vers les autres la peine;
Mais à ceux où d'amour on a connu les lois
La peine et le plaisir ramènent à la fois.
O Dieu, de quels moments ils gardent la mémoire!
Là, l'amant de son sort revient lire l'histoire;

Là, son cœur étonné sentit son premier feu ;
Là, sa bouche tremblante en hasarda l'aveu ;
Sa main sur ce rosier cueillit la fleur nouvelle,
Qu'Églé mit sur son sein en rougissant comme elle.
L'écho de ces rochers était leur confident.
Malheur donc, ah ! malheur au mortel imprudent
Qui, risquant son repos, ose revoir encore
Ces lieux pleins de l'objet que sa tendresse adore !
Combien je crains pour lui ce dangereux retour !
Hélas ! son seul aspect peut réveiller l'amour.
Eh ! sur ces monts glacés, où, loin de sa Julie,
Saint-Preux traînait ses maux et sa mélancolie,
Voyez ce malheureux conduire imprudemment
Celle qu'un autre hymen ravit à son amant !
De ces monts tout remplis de sa longue disgrâce,
Où de son triste exil tout conserve la trace,
Mille ressouvenirs sortent de toutes parts ;
Il s'arrête, et sur elle attachant ses regards :
« O charme de mon cœur, le tien est-il paisible (11) ?
Ce lieu ne dit-il rien à ton âme sensible ?
Vois ! c'est ici la pierre où ma brûlante ardeur
Traça les premiers mots qui touchèrent ton cœur.
Là, tristement assis dans ma douleur muette,
Mes yeux des jours entiers contemplaient ta retraite.
Là, seul et n'entendant que l'aigle des déserts,
J'échauffais de mes feux la glace des hivers.
De ces cailloux tranchants, des éclats de ces marbres
Ici ma main traçait ton chiffre sur ces arbres ;

Pour ressaisir l'écrit, gage de tes amours,
Ici du noir torrent je traversai le cours.
Là, de ces vieux rochers je gravissais les cimes,
Et mes sombres regards mesuraient les abîmes ;
Plus loin... » Couple imprudent, fuyez, quittez ces lieux!
Hélas! on y respire un air contagieux ;
Fuyez, et vous sauvant de leur funeste charme,
Hâtez-vous d'y répandre une dernière larme.

Ah! le cœur de ces lieux conçoit trop bien l'attrait :
Mais quel triste penchant, mais quel besoin secret,
Au tertre où gît l'objet de toute sa tendresse,
Ramène un faible amant, l'y ramène sans cesse?
Hélas! plus d'une fois, en courant au plaisir,
Ceux qu'à cette ombre froide attachait le désir,
Ou l'insensible orgueil, ou l'avide espérance,
Passent près de sa tombe avec indifférence :
Pour lui ce coin de terre est l'univers entier,
Sitôt qu'au jour mourant il ose se fier,
Aux discrètes lueurs du crépuscule sombre,
Il part d'un pied timide, il se glisse dans l'ombre ;
Il observe de loin d'un regard inquiet
Si quelqu'un de ses pleurs vient troubler le secret ;
Il recommande aux cieux cette enceinte si chère ;
Que l'air y soit plus pur, la terre plus légère,
Les gazons plus touffus! et ce lieu révéré,
Adoré par l'amour, en devient plus sacré :
Et même, sans l'attrait d'un intérêt si tendre,
Combien d'autres encore ont, pour se faire entendre,

Leur nom, leur souvenir, leur noble vetuste :
Dans le sein ténébreux de ce bois écarté
Contemplez ces débris d'une abbaye antique,
Monument oublié du faste monastique.
Entrons. De ces vieux murs le deuil religieux,
Ce chœur où résonnaient les cantiques pieux,
Ces vitraux colores, précieux à l'histoire,
Qui des faits du vieux temps ont gardé la mémoire ;
Ces combles entr'ouverts, ces lugubres caveaux ;
Dans cette vaste nef ce long rang de tombeaux
Où, des saints fondateurs trompant l'attente vaine,
Leurs noms presque effacés ne se lisent qu'à peine ;
Ces dômes, ces degrés dans les airs suspendus (12),
Conduisant au sommet d'une tour qui n'est plus ;
Et ces autels sans culte, et leurs saints sans oracles
Dont la vieille légende a vanté les miracles ;
Et ce lieu de l'offrande où de pieux tributs
Rachetaient les forfaits, suppléaient les vertus ;
Tout cet asile enfin, séjour de pénitence,
D'orgueil, de piété, de savoir, d'ignorance (13),
Dit plus dans ses débris que ce frais Panthéon,
Enfant sans souvenir, antique par son nom,
Où la voix du passé ne se fait point entendre,
Et qui, n'ayant rien vu, n'a rien à nous apprendre ;
Ou m'instruit, à regret, qu'outrageant le tombeau,
Toute la France en pompe y cacha Mirabeau (14).

Tantôt d'un vieux château s'offre la masse énorme,
Pompeusement bizarre et noblement informe.

Combien de souvenirs ici sont retracés!
J'aime à voir ces glacis, ces angles, ces fossés,
Ces vestiges épars des siéges, des batailles,
Ces boulets qu'arrêta l'épaisseur des murailles;
J'aime à me rappeler ces fameux différends
Des peuples et des rois, des vassaux et des grands;
Des Nemours, des Coucis les amours trop célèbres;
Ces spectres, ces lutins rôdant dans les ténèbres :
Vieux récits, dont le charme, amusant les hameaux,
Abrége la veillée et suspend les fuseaux.
Non, tous les vieux romans de cette Grèce antique,
Sa fabuleuse histoire, et sa fable historique,
N'offraient rien de si grand, rien de si merveilleux
Que tous les longs récits qu'on nous fait de ces lieux.
Ici, du haut des tours plus d'une tendre amante
Suivait son jeune amant dans la lice sanglante;
Là, nos gais troubadours et nos vieux romanciers
Célébraient la tendresse et les exploits guerriers;
Là, nos fiers paladins, à la gloire fidèles,
Combattaient pour leur Dieu, leur monarque et leurs be
Contemplez ces armets, ces casques, ces cuissards
Des Nemours, des Clissons, des Coucis, des Bayards;
J'aime à les revêtir de ces armes antiques;
J'y replace leurs corps, leurs âmes héroïques.
Mais sur son palefroi s'avance un chevalier,
Beau, jeune, et précédé de son noble écuyer,
Le casque sur le front, surmonté d'un panache,
Sur ses yeux la visière, à son bras la rondache,

La lance au poing, portant brassard et gantelet,
Fermé sur l'étrier, et le fer en arrêt;
Déjà du pont-levis il franchit la barrière;
Son œil est menaçant, sa contenance fière;
Son cor a retenti, tout recule d'effroi;
Un page se présente. « O page, écoute-moi,
Lui dit-il, ce château retient mon Isabelle.
Va trouver son tyran, qu'il me rende ma belle;
Qu'il la rende à l'instant, ou ce bras irrité
Va me faire raison de sa déloyauté. »
Le choc suit le défi : bientôt d'un coup horrible
Le tyran tombe mort, et sa chûte terrible
De ses tristes donjons fait gémir les échos.
Aussitôt un long rang de dames, de héros,
Comtes, barons, tout sort, tout revoit la lumière.
La belle à son amant s'élance la première,
Fait un saut, monte en croupe, embrasse son vainqueur,
Et sous ses belles mains sent palpiter son cœur.
Ainsi des lois, des mœurs, des combats du vieil âge,
Ma pensée en ces lieux se retrace l'image.
Je crois les voir encore, et rêve tour à tour
De joutes, de tournois, de féerie et d'amour.

Hélas! des nouveautés l'orgueil follement sage
De cette antique gloire a flétri l'héritage.
Eh bien! fiers descendants de nos fameux Bouillons,
Des fiers Montmorencis, des Rohans, des Crillons,
Montrez-vous dignes d'eux! osez, par la victoire,
Surtout par la vertu, reconquérir leur gloire;

Et, prêtant votre lustre à ces mortels fameux,
Rendez à ces grands noms ce que vous tenez d'eux.
Tel, aux derniers canaux arrivé dans sa course,
Le sang revient au cœur et remonte à sa source.

Enfin, parmi ces lieux fiers de leur vétusté,
Il en est dont l'illustre et haute antiquité,
Bien plus frappante encor, revient à la mémoire,
Riche de monuments, de grandeur et de gloire.
Là, chaque lieu célèbre est plein d'illusion ;
Tout ruisseau, tout rocher, tout bosquet a son nom.
Si mon œil aperçoit ces Alpes menaçantes
Qui portent jusqu'aux cieux leurs cimes imposantes,
Je veux voir avant tout ce passage fatal
Où le roc calciné s'ouvrit pour Annibal,
Et du vieux Latium lui livra les campagnes.
Autrefois du sommet de ces mêmes montagnes
Le terrible Annibal disait à ses soldats :
« Vous voyez ces beaux champs! c'est le prix des combats;
C'est le prix du vainqueur. » A l'aspect de sa proie,
Le soldat tressaillit d'une barbare joie
Ces champs qu'à la fureur montrait l'ambition,
Je les montre aux talents. Quelle immense moisson
Et de grands sentiments et de hautes pensées
Vous offrent ce théâtre et ces grandeurs passées!
Sur les objets présents portant des yeux distraits,
L'Imagination n'y reposa jamais.
Elle aime à deviner, elle aime à reconnaître
Ce qui n'est pas encor, ce qui va cesser d'être :

CHANT IV.

Amante des vieux temps, de leurs restes chéris,
Elle vit de regrets, se plaît dans les débris.
S'il était des pays dont la scène féconde
De grands événements eût étonné le monde;
Telle que s'offre encore avec tous ses grands noms
La ville des Césars ou celle des Platons;
C'est là qu'elle se plaît, c'est là qu'elle s'élance :
Là, tel qu'un voyageur qui parcourt en silence
Les pompes d'un palais par les ans renversé,
Rassemble en son esprit leur reste dispersé,
Recompose ses murs, reconstruit son portique;
Ainsi dans mes pensers je refais Rome antique :
Je relève ses tours, je lui rends ses remparts,
Ses temples, ses palais, ses grands hommes, ses arts.
J'arme encor ses héros pour la cause commune;
J'assiste à son sénat, je monte à sa tribune;
Le Capitole attend ses fiers triomphateurs :
Marchons! suivons les pas des sacrificateurs.
Entendez-vous, du bruit des jeux qu'elle idolâtre,
Mugir comme une mer son vaste amphithéâtre?
Mécène, reçois-moi dans ces soupers divins,
Assaisonnés de vers, de bons mots et de vins.
Hélas! ce goût si pur, cette molle élégance (15),
Des empires mûris marquent la décadence!
Tardez, éloignez-vous, termes de sa grandeur;
Laissez-moi contempler Rome dans sa splendeur.
Il n'est plus temps. Je vois, j'entends déjà les chaînes,
Et le joug va peser sur des têtes romaines.

De ces murs où les arts vont trouver leur tombeau,
La Grèce me rappelle aux lieux de leur berceau :
C'est là que, s'entourant de tout ce qu'elle adore,
L'Imagination est plus active encore :
Là, tout parle ou de vers, ou de gloire, ou d'amour;
Tout est dieux ou héros. Une barque, en un jour,
Parcourt sur cette mer, en merveilles féconde,
Cent lieux plus renommés que tous les lieux du monde.
Mène-moi, dieu des arts, vers ta chère Délos !
Ici Sapho charmait les rochers de Lesbos ;
C'est là qu'Anacréon, oubliant la vieillesse,
Chantait, tout jeune encore et d'amour et d'ivresse.
Rochers, l'écueil du Perse et de ses légions,
De vos trois cents héros redites-moi les noms.
Sparte, où sont tes débris? Montrez-moi cette Athènes
Où méditait Platon, où tonnait Démosthènes.
Que de charmes encor dans ces restes flétris !
Hélas ! le temps allait consumer ses débris.
Parmi les voyageurs qui de ce beau rivage
Emportent en partant une stérile image,
Le génie éploré de ces fameux remparts (16)
Distingua dans la foule un jeune amant des arts,
Qui, pour ces murs sacrés rempli d'idolâtrie,
Triste, semblait pleurer sur sa propre patrie;
Pour voir de ces beaux lieux l'auguste antiquité,
Plaisirs, amis, parents, il avait tout quitté.
« Tu vois, lui dit le dieu, ces merveilles divines :
Le temps va dévorer jusques à leurs ruines ;

Bientôt l'œil affligé ne reconnaîtra plus
L'asile des beaux-arts et celui des vertus ;
Hâte-toi : rends la vie à leur gloire éclipsée ?
Pour prix de tes travaux, dans un nouveau lycée,
Un jour je te promets la couronne des arts. »

   Il dit ; et dans le fond de leurs tombeaux épars,
Des Platons, des Solons les ombres l'entendirent ;
Du jeune voyageur tous les sens tressaillirent.
Aussitôt dans ces murs, berceau des arts naissants,
Accourent à sa voix les arts reconnaissants.
Le Dessin le premier prend son crayon fidèle ;
Et tel qu'un tendre fils, lorsque la mort cruelle
D'une mère adorée a terminé le sort,
A ses restes sacrés s'attache avec transport,
Demande à l'air, au temps, d'épargner sa poussière,
Et se plaît à tracer une image si chère :
Ainsi, par l'amour même instruit dans ces beaux lieux,
Le Dessin, de la Grèce enfant ingénieux,
Va chercher, va saisir, va tracer son image ;
Et belle encor, malgré les injures de l'âge,
Avec ses monuments, ses héros et ses dieux,
La Grèce reparaît tout entière à nos yeux.

   L'histoire ainsi l'apprend : sur ce globe où nous sommes,
Les lieux ont leur déclin aussi bien que les hommes !
Mais ces fameux revers et ces grands changements,
Qu'ont fait naître autrefois le hasard et le temps,
Offrent à notre esprit une moins vive image,
Que lorsque sous nos yeux un violent orage

D'un séjour magnifique a détruit la splendeur,
Et montre sa ruine auprès de sa grandeur.
Voyez ces murs déserts! là, le pompeux Versailles
Etalait autrefois l'orgueil de ses murailles;
Là, mille passions, mille vœux à la fois,
Les princes et les grands, les députés des rois,
Les intérêts rivaux, les vanités trompeuses,
Sans cesse s'agitaient sur ces routes pompeuses;
Là, venait en silence, attendant un coup d'œil,
Aux pieds de la faveur s'agenouiller l'orgueil;
De là, portée au loin sur la terre et sur l'onde,
La volonté d'un seul faisait le sort du monde.
Tant d'éclat irritait l'univers ébloui;
Un orage a grondé, tout s'est évanoui!
Où sont les attributs de la toute-puissance,
Cet appareil de gloire et de magnificence?
Le deuil et le silence habitent dans ces lieux;
A peine un vieux gardien, triste et silencieux,
Dans ces murs, qu'entouraient tant de fières cohortes,
A quelques voyageurs ouvre en pleurant les portes;
Et l'étranger, cherchant ces palais d'autrefois,
Se dit: « C'était donc là la demeure des rois! »
Rêve à tant de malheurs après tant de puissance,
Jette encore une larme, et s'éloigne en silence (17).

Après ces grands tableaux, pour nos yeux indiscrets
Les lieux mystérieux ont encor des attraits;
L'Imagination, ingénieuse à feindre,
Embellit les objets que l'œil ne peut atteindre.

CHANT IV.

Un auguste mystère entourait autrefois
Et les temples des dieux et les palais des rois.
Au fond du Saint des saints, dans sa gloire invisible,
L'Éternel enfermait sa majesté terrible,
Et le grand-prêtre seul, une fois tous les ans,
Offrait, au nom du peuple, un solennel encens.
Les monarques d'Asie, adorés par la crainte,
Habitaient d'un palais l'inabordable enceinte.
Le mystère piquant et la difficulté
Parent encor les arts, l'amour et la beauté :
Eh! qui de ce ressort ne connait la puissance ?
Que de fois dans les murs de la fière Byzance,
Je m'en souviens encor, d'un œil présomptueux
Contemplant du sérail les murs voluptueux,
Ses murs, ses minarets, ses kiosques, ses portiques,
Et leurs globes dorés, et leurs cyprès antiques,
D'un désir imprudent mon esprit excité,
Et par l'air du mystère en secret irrité,
Malgré ses fiers gardiens, ses portes redoutables,
Brûlait de pénétrer ses murs impénétrables
Où veille la terreur à côté du plaisir,
Où la variété réveille le désir !
Dans mon illusion, grilles, tours, janissaires,
Mon œil franchissait tout; mes regards téméraires
Osaient percer l'asile où l'indolent orgueil
Flotte entre mille appas et choisit d'un coup d'œil.
Autour de ces sofas où la langueur repose,
J'aspirai le moka, je respirai la rose ;

J'osai plus : dans ces bains frais et mystérieux,
Que jamais ne profane un regard curieux,
Où cent jeunes beautés, plus belles sans parure,
Pour voile à la pudeur donnent leur chevelure,
Malgré l'affreux cordon, malgré le sabre nu (18),
J'entrai brûlant de voir et tremblant d'avoir vu.
L'amour même chérit les ombres du mystère ;
L'amour désenchanté fuit un œil téméraire.
Belles, défiez-vous d'un regard curieux !
La beauté s'embellit d'un air mystérieux ;
Les désirs ignorants sont vos premières armes,
La beauté dévoilée a perdu de ses charmes ;
L'amour le plus aveugle est le plus éloquent ;
L'ignorance aux objets prête un charme piquant !
Ce qui nous plaît le mieux dans toute la nature,
Ce n'est pas ce qu'on voit, c'est ce qu'on se figure,
L'Ignorance nourrit la douce illusion.
Des Grecs ingénieux l'aimable fiction,
Qui donnait plus d'éclat à la vérité même,
Cacha cette leçon sous un heureux emblème.
L'imprudente Psyché veut voir de près l'Amour ;
Elle le voit ; le dieu disparaît sans retour :
Et Psyché, d'un regard téméraire victime,
Déplore, mais trop tard ! son malheur et son crime.
Tant d'un dieu prévoyant l'attentive bonté
Exprès derrière un voile a mis la vérité,
Et cache, dans la nuit d'un nuage qu'il dore,
Et les biens qu'on espère et les maux qu'on ignore.

CHANT IV.

Eh! pourrai-je oublier le site inspirateur
Où l'on goûta des arts l'attrait consolateur ;
Témoin de nos travaux, bienfaiteur du génie,
De quels heureux moments il charma notre vie !
Là, d'une longue extase on connut les transports ;
Là, notre âme en silence, amassant ses trésors,
D'un long recueillement tout à coup a fait naître
Ces traits à qui notre art doit sa gloire peut-être.
Ces lieux, dont tant de fois on sentit le pouvoir,
Quels cœurs reconnaissants n'aiment à les revoir ?
Montbar charmait Buffon, et du bois des Charmettes
Jean-Jacques se plaisait à vanter les retraites ;
Et toi, toi, que j'aimai dès mes plus jeunes ans,
Meudon, à qui je dois tout l'honneur de mes chants (19),
Que de fois en hiver, dans tes donjons gothiques,
Près d'un foyer nourri de tes chênes antiques,
Seul, écoutant de loin les vents, les flots, les bois,
A leur vaste concert j'associai ma voix !
Que de fois, aux beaux jours, de tes bocages sombres
Tu me vis traverser les vénérables ombres !
Hélas ! ces bois sacrés, ces bosquets ne sont plus ;
Par le fer destructeur je les vis abattus ;
Abattus au printemps ! quand tout gros de feuillage (20),
Déjà les verts boutons nous promettaient l'ombrage :
En vain de ces vieux troncs les jeunes successeurs
De leur nouvel abri m'ont offert les douceurs ;
Ils n'ont point inspiré, n'ont point vu mon délire :
Ne m'ayant rien appris, je n'ai rien à leur dire ;

Mais ton sol m est sacré, mais j'y viendrai toujours
Demander d'heureux vers, et surtout d'heureux jours.

 Des divers lieux sur nous j'ai chanté l'influence;
Presque tous de nos cœurs empruntent leur puissance:
Ceux où l'astre du jour et l'homme sont absents,
Seuls, par leur propre force, agissent sur nos sens.
A peine l'œil entr'ouvre une faible paupière,
Il veut voir son semblable, il veut voir la lumière :
La pensée, il est vrai, connaît peu de déserts.
Si l'on ne voit point l homme et ses traits toujours chers,
On voit ses monuments; les champs et la verdure
Nous parlent des bienfaits, des soins de la nature :
Tantôt d'une rivière on suit les longs détours;
L'on voyage avec elle et l'on poursuit son cours.
Mais quand l'homme accablé, qu'un long ennui désole,
Ne voit ni les humains, ni rien qui le console,
Sa double solitude épouvante son cœur.

 Sous les cieux africains voyez le voyageur,
Des sables de Rosette ou des landes du Caire
Traverser lentement l'espace solitaire (21);
Les torrents de poussière, et les vents enflammés,
Et la terre, et les eaux contre lui sont armés;
Mais de ces champs poudreux la chaleur est moins rude
Que cette désolante et longue solitude.
L'ennui, le triste ennui qui mesure le temps,
Éternise ses jours, ses heures, ses instants.
Flétrie au seul aspect de ces lieux effroyables,
L'Imagination expire sur ces sables;

Il se traîne, il épuise un reste de vigueur,
Lorsqu'au lever du jour, ô surprise! ô bonheur!
D'un obélisque au loin il découvre le faîte,
Les kiosques des pachas, les temples du Prophète,
De palmiers, d'orangers des bois délicieux,
Que le désert encore embellit à ses yeux.
C'est là qu'un doux repos, acheté par ses peines,
L'attend sous ces berceaux, au bord de ces fontaines,
Où, sur un mol amas de coussins fastueux,
Le superbe Ottoman, triste et voluptueux,
Enivré de ces sucs dont la vertu l'inspire,
De ses rêves charmants entretient le délire (22);
Ou dans son beau harem achève en paix le jour,
Pressé par le désir, et jamais par l'amour.
Moi-même, que séduit cette riante scène,
A ces bords enchantés je m'arrache avec peine;
Mais ma muse m'appelle en des déserts nouveaux.

 Voyez-vous ce navire attendu sur les eaux;
Tout est prêt: l'air fraîchit, la voile s'enfle; Éole
S'amuse en se jouant de chaque banderole;
L'enfant pour la saisir vers elle étend les bras;
Autour des voyageurs dont on retient les pas,
De parents et d'amis un groupe tout en larmes,
D'un adieu prolongé goûte les tristes charmes;
Et, du sommet d'un roc élevé dans les airs,
Suit long-temps le vaisseau qui s'enfuit sur les mers.
 Sur ce vaste élément, d'abord l'âme enhardie
Se croit indépendante et se sent agrandie;

Il semble qu'étendant son vol illimité,
Dieu même l'associe à son immensité.
Mais, hélas! le bonheur demande peu d'espace :
De ce désert sans fin l'homme bientôt se lasse;
Solitaire, à l'aspect de l'immense horizon,
Bientôt dans son navire il croit voir sa prison.
Ses tristes compagnons qui languissent ensemble,
Ce n'est point le penchant, le choix qui les rassemble;
Leur ennui mutuel redouble son ennui;
Il habite auprès d'eux, et vit seul avec lui.
Ah! quand pourront ses yeux entrevoir le rivage!
Quelquefois l'abusant par une fausse image,
L'Imagination, dans un lointain confus,
Lui montre un port, des tours, qui bientôt ne sont plus:
Leur fantôme trompeur s'efface comme un songe,
Et l'immense océan devant lui se prolonge.
Il faut entendre encor le bruit des matelots,
Des cordages, des mâts, et des vents, et des flots;
Toujours les cieux, toujours les noirs gouffres de l'onde,
Et l'aquilon grondant sur la vague qui gronde.
Hélas! où sont ses champs, ses bois, ses prés fleuris,
Ses foyers paternels et ses enfants chéris?
Le regret, au départ, en forma ses supplices;
L'espérance, au retour, en fera ses délices.
Il part, il vogue, avance, espère, et voit le port.
Ah! son cœur pourra-t-il suffire à son transport?
Sa fille.! en le quittant son adieu fut si tendre!
Que fait-elle à présent? Lasse enfin de l'attendre,

CHANT IV.

Sur son portrait peut-être elle verse des pleurs;
Peut-être que sa main le couronne de fleurs;
Ces tissus, ces trésors que la Perse a vus naître,
Sa femme avec plaisir s'en parera peut-être;
Et ce fils, dernier fruit d'une longue union,
Vit-il? commence-t-il à bégayer son nom?
Son simple et vieux pasteur répandra tant de larmes!
A ses arbres grandis qu'il va trouver de charmes!

  Cependant les objets semblent se rapprocher;
Il reconnaît ce mont, cet arbre, ce clocher;
De moment en moment les tours lèvent leur faîte;
Enfin la rive approche, et son bonheur s'apprête;
Et sur la mer, qui fuit et roule à gros bouillons,
Son rapide vaisseau fend les derniers sillons.
On aborde: d'un saut il a touché la rive;
Le cœur tout palpitant, il s'élance, il arrive,
Avec ce vif besoin que donne un long désir.
Mais ce n'est pas à moi d'exprimer son plaisir;
L'Imagination, dont je peins la puissance,
Aime à chanter l'espoir et non la jouissance.

  Des solitaires lieux j'ai tracé les effets:
O toi, de qui ma muse éprouva les bienfaits,
Quand ma voix va chanter le pouvoir des lieux sombres,
O nuit! inspire-moi. Que de fois, dans tes ombres,
Recherchant ton silence et non pas ton repos,
Et des eaux d'Hippocrène humectant tes pavots,
Du délire des vers j'éprouvai les délices!
Du poëte, inspiré par tes veilles propices,

Il semble que les chants soient plus doux et plus fiers;
Pour lui le dieu du jour n'est plus le dieu des vers.
Mais les amants heureux, mais les heureux poëtes
Ont seuls droit de se plaire à tes scènes muettes.
Tout être avec regret voit mourir la clarté;
Alors mon chien me jette un regard attristé,
L'instinct des plantes même en chérit l'influence,
Et la fleur du soleil pleure encor son absence;
Tout bénit ses faveurs; mais l'homme, enfant des dieux,
L'homme, avant tout, chérit ce flambeau radieux;
Il veut voir ses rayons, il veut sentir sa flamme,
Et ce besoin des sens est un besoin de l'âme :
Cet astre heureux console et charme nos ennuis.
Que je plains la douleur dans le calme des nuits!
Ah! que la nuit alors, jointe à la solitude,
De l'homme délaissé nourrit l'inquiétude!
L'absence des objets rend ses maux plus présents;
Rien n'en distrait son cœur, son esprit, ni ses sens
Exhalant en soupirs sa tristesse farouche,
De sa longue insomnie il tourmente sa couche;
Il se roule, il se lasse à chercher le repos;
Tout son sang embrasé précipite ses flots,
Jusqu'à l'heure où l'Aurore, humide de rosée,
Apporte un peu de calme à son âme épuisée;
Et, chassant de la nuit les funèbres vapeurs,
Rend et le jour au monde, et l'espérance aux cœurs.
Quels intrépides cœurs, quels courages célèbres,
N'ont été quelquefois émus par les ténèbres!

CHANT IV.

Quand du fer, de l'airain, le brillant appareil
Eclate et resplendit aux rayons du soleil,
Le soldat, avec joie, affronte les tempêtes :
Les dangers sont des jeux, les combats sont des fêtes ;
Mais quand la nuit répand sa ténébreuse horreur,
Quand l'œil ne peut juger l'objet de sa terreur,
Alors tout s'exagère a notre âme tremblante ;
Le danger moins connu cause plus d'épouvante ;
Surtout lorsque perdu dans un lieu ténébreux,
L'homme seul reste en proie à ses pensers affreux ;
Ah ! que la nuit alors, jointe à la solitude,
De l'âme délaissée accroît l'inquiétude !
De ce comble d'effroi, de ces scènes d'horreur,
Un exemple terrible effraie encor mon cœur.

Sous les remparts de Rome et sous ses vastes plaines,
Sont des antres profonds, des voûtes souterraines
Qui, pendant deux mille ans, creusés par les humains,
Donnèrent leurs rochers aux palais des Romains;
Avec ses rois, ses dieux et sa magnificence,
Rome entière sortit de cet abime immense.
Depuis, loin des regards et du fer des tyrans,
L'Église encor naissante y cacha ses enfants,
Jusqu'au jour où du sein de cette nuit profonde,
Triomphante, elle vint donner des lois au monde,
Et marqua de sa croix les drapeaux des Césars.
Jaloux de tout connaître, un jeune amant des arts [23],
L'amour de ses parents, l'espoir de la peinture,
Brûlait de visiter cette demeure osbcure,

De notre antique foi vénérable berceau (24).
Un fil dans une main, et dans l'autre un flambeau,
Il entre; il se confie à ces voûtes nombreuses
Qui croisent en tous sens leurs routes ténébreuses.
Il aime à voir ce lieu, sa triste majesté,
Ce palais de la nuit, cette sombre cité,
Ces temples où le Christ vit ses premiers fidèles,
Et de ces grands tombeaux les ombres éternelles.
Dans un coin écarté se présente un réduit,
Mystérieux asile où l'espoir le conduit.
Il voit des vases saints et des urnes pieuses,
Des vierges, des martyrs dépouilles précieuses;
Il saisit ce trésor; il veut poursuivre. Hélas!
Il a perdu le fil qui conduisait ses pas :
Il cherche, mais en vain; il s'égare, il se trouble;
Il s'éloigne, il revient, et sa crainte redouble;
Il prend tous les chemins que lui montre la peur;
Enfin de route en route, et d'erreur en erreur,
Dans les enfoncements de cette obscure enceinte,
Il trouve un vaste espace, effrayant labyrinthe,
D'où vingt chemins divers conduisent alentour.
Lequel choisir? Lequel doit le conduire au jour?
Il les consulte tous, il les prend, il les quitte;
L'effroi suspend ses pas, l'effroi les précipite :
Il appelle; l'écho redouble sa frayeur;
De sinistres pensers viennent glacer son cœur.
L'astre heureux qu'il regrette a mesuré dix heures
Depuis qu'il est errant dans ces noires demeures;

CHANT IV.

Ce lieu d'effroi, ce lieu d'un silence éternel,
En trois lustres entiers voit à peine un mortel;
Et pour comble d'effroi, dans cette nuit funeste,
Du flambeau qui le guide il voit périr le reste.
Craignant que chaque pas, que chaque mouvement,
En agitant la flamme, en use l'aliment,
Quelquefois il s'arrête et demeure immobile.
Vaines précautions! Tout soin est inutile;
L'heure approche, et déjà son cœur épouvanté
Croit de l'affreuse nuit sentir l'obscurité.
Il marche, il erre encor sous cette voûte sombre;
Et le flambeau mourant fume et s'éteint dans l'ombre.
Il gémit; toutefois d'un souffle haletant
Le flambeau ranimé se rallume à l'instant.
Vain espoir! par le feu la cire consumée,
Par degrés s'abaissant sur la mèche enflammée,
Atteint sa main souffrante, et de ses doigts vaincus
Les nerfs découragés ne la soutiennent plus :
De son bras défaillant enfin la torche tombe,
Et ses derniers rayons ont éclairé sa tombe.
O toi, qui d'Ugolin traças l'affreux tableau,
Terrible Dante, viens, prête-moi ton pinceau [25]!
Prête-moi tes couleurs; peins, dans ces noirs dédales,
Dans la profonde horreur des ombres sépulcrales,
Ce malheureux qui compte un siècle par instants,
Seul... ah! les malheureux ne sont pas seuls long-temps;
L'Imagination de fantômes funèbres
Peuple leur solitude et remplit leurs ténèbres.

L'infortuné déjà voit cent spectres hideux ;
Le délire brûlant, le désespoir affreux,
La mort... non cette mort qui plaît à la victoire,
Qui vole avec la foudre, et que pare la gloire ;
Mais lente, mais horrible, et traînant par la main
La faim qui se déchire et se ronge le sein.
Son sang, à ces pensers, s'arrête dans ses veines.
Et quels regrets touchants viennent aigrir ses peines !
Ses parents, ses amis qu'il ne reverra plus !
Et ces nobles travaux qu'il laissa suspendus !
Ces travaux qui devaient illustrer sa mémoire,
Qui donnaient le bonheur et promettaient la gloire !
Et celle dont l'amour, celle dont le souris
Fut son plus doux éloge et son plus digne prix !
Quelques pleurs de ses yeux coulent à cette image,
Versés par le regret, et séchés par la rage.
Cependant il espère, il pense quelquefois
Entrevoir des clartés, distinguer une voix.
Il regarde, il écoute. Hélas ! dans l'ombre immense,
Il ne voit que la nuit, n'entend que le silence,
Et le silence encore ajoute à sa terreur.
Alors, de son destin sentant toute l'horreur,
Son cœur tumultueux roule de rêve en rêve ;
Il se lève, il retombe, et soudain se relève ;
Se traîne quelquefois sur de vieux ossements,
De la mort qu'il veut fuir horribles monuments !
Quand tout à coup son pied trouve un léger obstacle
Il y porte la main... O surprise ! ô miracle !

CHANT IV.

Il sent, il reconnaît le fil qu'il a perdu,
Et de joie et d'espoir il tressaille éperdu.
Ce fil libérateur, il le baise, il l'adore,
Il s'en assure, il craint qu'il ne s'échappe encore ;
Il veut le suivre, il veut revoir l'éclat du jour.
Je ne sais quel instinct l'arrête en ce séjour.
A l'abri du danger, son âme encor tremblante
Veut jouir de ces lieux et de son épouvante.
A leur aspect lugubre, il éprouve en son cœur
Un plaisir agité d'un reste de terreur ;
Enfin, tenant en main son conducteur fidèle,
Il part, il vole aux lieux où la clarté l'appelle.
Dieux ! quel ravissement, quand il revoit les cieux
Qu'il croyoit pour jamais éclipsés à ses yeux !
Avec quel doux transport il promène sa vue
Sur leur majestueuse et brillante étendue !
La cité, le hameau, la verdure, les bois,
Semblent s'offrir à lui pour la première fois ;
Et, rempli d'une joie inconnue et profonde,
Son cœur croit assister au premier jour du monde.

NOTES
DU CHANT QUATRIÉME.

(¹) Je vole, je m'enfonce aux lieux où la Norwége
Entasse jusqu'aux cieux ses colonnes de neige,
Aux champs de Sibérie, aux bords où de Thulé
La mer bat en grondant le rivage ébranlé.

La Norwége est couverte de montagnes, moins hautes que les Alpes et les Pyrénées, mais qui présentent presque partout un aspect très-pittoresque. Leurs immenses forêts de sapins fournissent des mâts et des bois de construction à toute l'Europe, et pendant la moitié de l'année ces grands arbres semblent véritablement élever jusqu'au ciel des colonnes et des pyramides de neige. Les volcans d'Islande offrent un spectacle qui frappe encore plus vivement l'imagination. La nature a répété sur ces côtes glacées les phénomènes effrayants qu'on trouve sur les beaux rivages de la Sicile. L'Etna est ici, sous le nom du mont Hékla, non point avec les riches campagnes qui forment sa base aux environs de Catane, non point avec les superbes châtaigniers qui couvrent ses flancs, mais avec son sommet couvert de cendre et de neige, avec son vaste cratère qui vomit souvent des laves et des flammes. Charybde est beaucoup moins redoutable que le fameux gouffre de Malstroëm, situé plus près de la Norwége que de l'Islande, vers la petite ile de Loffoden. Il engloutit les baleines, quelquefois même les vaisseaux.

« Enfin, dit un voyageur célèbre dans le Nord, tous les phénomènes les plus curieux dispersés sur le globe sont comme entassés et réunis en Islande. Les éléments des corps et les causes les plus opposées y paraissent dans un combat et dans un travail perpétuel, et surpassent, par leurs effets, tout ce que l'imagination la plus désordonnée pourrait enfanter pour épouvanter les hommes. Plusieurs volcans vomissent fréquemment des torrents de lave et de fumée. L'île est couverte de leurs débris accumulés depuis des siècles; et des rochers énormes, des monts entiers se présentent entassés et bouleversés les uns sur les autres par l'effet de leurs terribles explosions, et par les tremblements de terre qui les précèdent ou les accompagnent. D'immenses glaciers s'offrent aux yeux, tantôt éblouissant et aveuglant le spectateur qui a gravi sur leur cime, tantôt n'offrant qu'un aspect grisâtre et terreux qui déguise leur nature. Du sein de ce sol, couvert de frimas et de neige, sort une quantité innombrable de sources sulfureuses et bouillantes, qui quelquefois jaillissent en mugissant du milieu des plaines ou des collines, et s'élancent perpendiculairement à une prodigieuse hauteur, et quelquefois aussi coulent sans bruit du sommet des montagnes, et creusent des ravins étroits et profonds dans les glaces éternelles qui les cachent. Des cavernes immenses et des masses régulières de colonnes basaltiques se voient de toutes parts : des îles de glace qui se détachent du pôle, et sur lesquelles voyagent des troupes d'ours amphibies, viennent fondre sur la partie septentrionale de l'Islande, entraînent par leur épouvantable choc des rocs et des promontoires avancés, font disparaître des îlots, et, se fixant ensuite sur la côte, bloquent de leur masse resplendissante une vaste contrée pendant plusieurs mois, et y répandent, avec les animaux féroces qu'elles ont transportés, le froid et la famine. Quelquefois des pins et d'autres arbres résineux, que les flots charrient en grand nombre, s'allument par le frottement des glaçons qui s'entre-choquent; et le feu et la fumée qu'ils produisent font croire aux simples habitants de ces contrées que les glaces mêmes ont la propriété de s'enflammer. Souvent les phoques, les baleines, les cachalots, les grands cétacés qui se plaisent dans ces mers septentrionales, périssent froissés et étouffés par le choc des glaces errantes; et leurs cadavres, jetés sur le rivage, deviennent pour les habitants un foible dédommagement des désastres produits par la cause qui les leur procure. Il ne se passe presque pas de nuit que des aurores boréales n'éclairent ces scènes majestueuses, dont elles augmentent par leur lumière éclatante l'horreur et la sublimité. Rarement elles présentent, comme dans les parties plus méridionales de l'Europe, un horizon rouge et immobile; mais elles se jouent avec des couleurs jaunes, vertes et pourpres enflammées, tantôt ondoyantes, tantôt en forme de fusées. D'autres météores non moins singuliers y sont aussi fréquents. Les parhélies y font voir jusqu'à deux et trois soleils. On aperçoit souvent des cercles autour de la lune; et une illusion d'optique y fait paraître les îles, les rochers, les villages éloignés, plus élevés qu'ils ne sont. Indépendamment des feux follets, des étoiles volantes et autres météores de ce genre, on voit fréquemment des globes enflammés qui s'agitent dans les airs, et des lueurs dans les flocons de neige qui tombent. Quelquefois, dans les vents impétueux, le ciel et la terre paraissent tout en feu; le tonnerre, cependant, se fait rarement entendre : mais les vents d'est et sud-est enlèvent une poussière volcanique noire, qui obscurcit pendant une heure ou deux certaines parties de l'île, qui se trouvent en un instant couvertes de cette cendre stérile. Les saisons sont très-inconstantes, et le climat offre une variation prodigieuse. Le mercure y gèle fréquemment en hiver, et le thermomètre y monte en été jusqu'à 103 et 104 degrés (thermomètre de Fahrenheit), chaleur très-forte, même pour la latitude de Paris. Souvent, à la fin de juin, il gèle à glace pendant la nuit; et le jour, avant et après cette gelée, on a vu le thermomètre monter à plus de 70 degrés. On ne doit pas oublier de remarquer que l'aiguille aimantée varie sur la plupart des montagnes d'Islande, qu'elle n'a plus de direction déterminée, et que l'aurore boréale produit aussi le même effet. » (*Voyages d'Olafsen en Islande, 1772.*)

(²) Je vole, avec Horace, aux vergers de Tibur ;
Aux lieux où l'Anio, dans sa chute rapide,
Verse au loin la fraîcheur de sa poussière humide,

La chute du Rhin à Schaffouse et les nombreuses cascades de la Suisse et du Valais produisent des effets plus ou moins agréables ou imposants. Le saut du Niagara les surpasse toutes par la hauteur de sa chute et l'immense volume de ses eaux : mais nulle part la mémoire et l'imagination ne sont aussi doucement émues qu'à l'aspect de la grande cascade et des cascatelles de Tivoli. Horace avait raison de dire (I, *carm.* vij) :

Me nec tam patiens Lacedæmon,
Nec tam Larissæ percussit campus opimæ,
Quam domus Albuneæ resonantis,
Et præceps Anio, ac Tiburni lucus, et uda
Mobilibus pomaria rivis.

Mais Sparte et les travaux de sa jeunesse ardente
A mes yeux offrent moins d'attraits ;
J'aime moins et Larisse et ses riches guérets
Que la fraîche Albunée et sa grotte bruyante ;
L'Anio, qui des monts précipite ses eaux,
Tibur et ses vergers qu'arrosent vingt ruisseaux.

De Vailly.

Tous les voyageurs ont essayé de décrire ce site enchanteur. « Comme ce fleuve en se précipitant, dit l'un d'entre eux, se brise tout entier en écume ! comme il repousse les rayons de la lune sur ces arbres, sur ces monts, sur cet abîme, sur ces belles colonnes corinthiennes du temple de Vesta, revêtues de la clarté la plus douce et la plus pure! Où sont les peintres et les poëtes? » Ainsi tout homme vivement frappé des grandes beautés de la nature appelle involontairement la peinture et la poésie à son secours, pour en répéter l'image et pour en conserver le souvenir. C'est au moins un préjugé en faveur du genre communément appelé descriptif, et que Delille appelle avec plus de raison la poésie pittoresque.

(³) Et toi, qui de Sénèque alarmais la sagesse,
Que Properce interdit à sa jeune maîtresse, etc.

Les eaux de Baies étaient un rendez-vous de prostitution, où l'amour se traitait à peu près comme dans un mauvais lieu. Properce n'était donc que trop fondé à redouter pour sa maîtresse la prolongation d'un pareil séjour. Aussi la presse-t-il fortement (liv. I, élég. xi, v. 27) de l'abandonner au plus tôt : « Hâte-toi, ma Cynthie, d'abandonner le séjour de Baies, ce théâtre de séductions et de ruptures : déserte un rivage où la chasteté des jeunes filles respire un air empoisonné. Périssent à jamais ces bains, devenus l'écueil de la pudeur et de l'amour! »

Tu modo quam primum corruptas desere Baias!
Multis ista dabunt littora dissidium :
Littora quæ fuerant castis inimica puellis.
Ah! pereant Baiæ crimen amoris aquæ!

Les eaux de Spa ne donnent pas moins d'inquiétude à notre Properce français, le chevalier

Bertin, au sujet de son Eucharis; et, comme l'élégiaque latin, il s'écrie dans son indignation :

> O bains de Spa, source impure et funeste,
> Puissent les vents et la flamme céleste
> Vous engloutir sous vos marbres rompus !
> Aux tendres cœurs vous causez trop d'alarmes.
> Que d'amours vrais et de pudiques charmes,
> Dans leur saison, vos eaux ont corrompus !

Il est difficile à présent de se faire une idée du luxe de Baies, qui était devenu proverbe même parmi les Romains les plus voluptueux. On accusait d'épicuréisme, et l'on regardait comme des hommes efféminés, qui ne conservaient aucune trace des mœurs antiques, ceux qui passaient trop de temps dans ces jardins enchanteurs. Clodius le reprocha plus d'une fois à Cicéron; et cet orateur illustre, ayant acheté une maison de campagne près de ce délicieux rivage, se fit beaucoup de tort dans l'esprit des plus graves et des plus austères sénateurs. Les volcans, les siècles, les invasions des barbares ont détruit ces palais antiques; mais le ciel, la terre, la mer, le paysage, sont toujours les mêmes sur la côte de Baies, et l'aspect de ces ruines célèbres y ajoute encore aux charmes de la rêverie, aux plaisirs de l'imagination. « Je conçois au milieu de ces ruines, écrivait Dupaty en 1785, je conçois, dans l'état même où sont ces rivages, que lorsque ces temples étaient entiers; lorsqu'on y célébrait les fêtes et les mystères de Vénus; qu'on y sacrifiait à Mercure; que ces thermes, ces étuves, ces bains, tous ces lieux de délices, de santé et de force, étaient incessamment fréquentés; que tous ces théâtres étaient remplis de l'élite des grands de Rome et des beautés de l'Italie; que ce golfe était couvert de voiles de pourpre, de banderoles flottantes et de mâts ornés de fleurs, qui emportaient et remportaient sans cesse, sur une mer jonchée de roses, une jeunesse folâtre et brillante; qu'enfin à l'heure où le soleil descendait des cieux, à cette heure la plus corrompue des heures de la soirée, lorsque tout s'abandonnait ici à la volupté comme à une convenance même du soir et du lieu : oui, je conçois qu'alors ce fut un reproche à faire à Cicéron d'avoir une maison de campagne à Baies ; que Sénèque, en voyageant, craignit d'y dormir une nuit; et que Properce crut sa Cynthie infidèle, dès qu'elle y fut arrivée. Moi-même je trouve ce séjour, quoique tant changé par les siècles et les volcans, quoique désert et semé de ruines qui pendent, tombent et disparaissent incessamment dans les ondes, je le trouve encore dangereux. Il me semble que cet air a retenu quelque chose de son ancienne corruption, dont il n'est pas épuré. Je sens mes pensées s'amollir à ces aspects, à cette situation, à cette ombre vague, légère, qui, successivement éteint dans le ciel, sur la mer, sur les montagnes, sur le sommet des arbres, les dernières lueurs du jour : mes pensées s'amollissent surtout à ce silence qui se répand de moment en moment sur ces rivages, et du sein duquel s'élève par degrés le touchant concert du soir, composé du bruit mélancolique des rames qui sillonnent des flots éloignés, du bêlement des troupeaux répandus dans les montagnes, des ondes qui expirent en murmurant sur les rochers, du frémissement des feuilles des arbres où les zéphyrs ne se reposent jamais, enfin de tous ces sons insensibles, épars au loin dans les cieux, sur les flots, sur la terre, qui forment en ce moment comme une voix incertaine, comme une respiration mélodieuse de la nature endormie. » (*Lettres sur l'Italie.*)

(4) Buvaient et le Falerne et les larmes du monde.

Delille récitait un jour ce morceau en présence du poëte Lemierre : quand il en fut au vers que nous citons ici, l'auteur d'Hypermnestre l'interrompit en disant : « Cela prouve au moins que les Romains mettaient quelquefois de l'eau dans leur vin. » Saillie qui ne serait que plaisamment ingénieuse, si elle ne décelait peut-être, dans l'auteur du fameux *vers du siècle* (*), un sentiment de jalousie secrète contre l'auteur de tant de vers qui seront de tous les siècles.

(5) O village charmant! ô riantes demeures,
    Où, comme ton ruisseau, coulaient mes douces heures;
    Dont les bois et les prés, et les aspects touchants,
    Peut-être ont fait de moi le poëte des champs!
    Adieu, doux Chaponat, adieu, frais paysages!

Delille se plaît à rappeler dans ses vers le lieu de sa naissance et le souvenir de ses premières

(*) Le trident de Neptune est le sceptre du monde.

années. C'est un trait de ressemblance de plus avec son illustre modèle. Virgile nomme souvent sa chère Mantoue, et fait partager aux lecteurs l'attendrissement qu'il éprouve en parlant de sa patrie : mais, plus heureux que notre poëte, Virgile a pu y mêler des souvenirs et des intérêts de famille !

(⁶) . . . . Ah ! mon cœur bat à ce seul souvenir !
Je remportai la palme, etc.

Nous nous sommes plu à retracer, dans la *Notice*, les nombreux triomphes remportés par Delille dans les concours généraux de l'Université de Paris : tandis que nous rendions cet hommage classique à sa mémoire, un autre monument s'élevait en son honneur, au sein même de l'Université, et pour l'émulation des jeunes élèves qui la fréquentent. Le propriétaire de l'ancien collége de *la Marche* (devenu, sous la direction de M. Vautier, l'une des meilleures institutions de Paris) a converti la classe où professa jadis Delille en une espèce de sanctuaire, où s'élève son buste, dont madame Delille a honorablement gratifié le maître et les élèves : là, sont retracés en style d'inscriptions monumentales, et les premiers triomphes du professeur, et les ouvrages du grand poëte : là, chaque année, les vainqueurs heureux au concours viennent religieusement déposer leurs couronnes aux pieds de l'écrivain célèbre qui prit de ce collége même un essor si brillant vers l'immortalité.

(7) Beaux jours, qu'une autre gloire et de plus grands combats
Rappelaient à Villars, mais qu'ils n'effaçaient pas.

Parvenu au plus haut degré des honneurs militaires, Villars aimait à se rappeler ses succès de collége, et les regardait comme des promesses de la gloire, qui depuis avaient été pleinement réalisés. Peu d'hommes sont au-dessus de cette innocente vanité; mais elle n'est pas toujours chez eux, comme chez Villars, le principe des plus belles actions. Personne n'ignore que ce guerrier célèbre fut, pour ainsi dire, l'artisan de sa fortune, par son opiniâtreté à faire toujours au-delà de son devoir. Il déplut quelquefois à Louis XIV, et plus souvent à Louvois, parce qu'il mettait dans ses discours autant de franchise et de courage que dans sa conduite. Mais Louis XIV était trop grand roi pour ne pas rendre justice à un mérite éminent : et s'il eut en effet quelque répugnance pour Villars, rien n'honore plus son caractère, que la noblesse avec laquelle il imposa silence à des courtisans envieux qui croyaient avoir pénétré le secret de ses sentiments.

(8) Si le fifre imprudent fait entendre ces airs
Si doux à son oreille, à son âme si chers,
C'en est fait, il répand d'involontaires larmes.

Aucun peuple dans l'Europe moderne n'a porté plus loin que les Suisses cette espèce de patriotisme qui ne permet pas de trouver de bonheur loin du sol natal; chez eux ce sentiment ne s'éteint jamais, et la plus légère circonstance le réveille avec une violence irrésistible. Dans les régiments suisses qui sont au service des puissances étrangères, en France, en Espagne, en Hollande, même sous le beau ciel de Naples et sur les rives pittoresques des Deux-Siciles, une chanson, des airs communément appelés *Ranz des vaches*, que les laitières suisses chantent en allant à leurs pâturages, suffisent pour attendrir le soldat et l'entraîner à la désertion : aussi est-il sévèrement défendu de les jouer. Ces hommes simples et fidèles ne résistent pas au souvenir de leurs montagnes, asile long-temps inviolable de la paix, des mœurs et de la liberté. On peut juger par cela seul combien doivent souffrir ceux que les événements ont poussés par milliers dans les déserts de l'Amérique septentionale, et qui sont séparés par une mer immense de ces belles collines, de ces vallées délicieuses, de cette terre natale enfin, où les scènes admirables de la nature ont frappé leurs premiers regards.

(9) . . . . Seul sur ses rocs arides,
Philoctète maudit le sort et les Atrides ;
Mais faut-il s'arracher à ces horribles lieux,
Il regrette son antre, et lui fait ses adieux

Il n'y a peut-être rien de plus touchant dans la tragédie ancienne que les adieux de Philoctète (v. 145 et suiv.) prêt à quitter Lemnos. La Harpe regrettait vivement que la sévérité de notre goût, qui exige impérieusement la fin d'un ouvrage dramatique dès que le nœud principal est coupé, l'eût forcé de supprimer cette dernière scène, dans sa traduction du chef-d'œuvre de Sophocle; mais il est douteux qu'il eût égalé, même en vers harmonieux, la prose éloquente de Fénélon. «O heureux jour! douce lumière, tu te montres enfin après tant d'années! je t'obéis, je pars, après avoir salué ces lieux. Adieu, cher antre; adieu, nymphes de ces prés humides : je n'entendrai plus le bruit sourd des vagues de cette mer; adieu, rivages où tant de fois j'ai souffert les injures de l'air; adieu, promontoires ou Écho répéta tant de fois mes gémissements; adieu, douces fontaines qui me fûtes si amères; adieu, ô terre de Lemnos! laisse-moi partir heureusement, puisque je vais où m'appelle la volonté des dieux et de mes amis. » (*Télémaque*, liv. XV.)

(10) Que j'aime ce mortel, qui, dans sa douce ivresse,
Plein d'amour pour les lieux où jouit sa tendresse,
De ses doigts, que paraient des anneaux précieux,
Détache un diamant, le jette, et dit : « Je veux
Qu'un autre aime après moi cet asile que j'aime,
Et soit heureux aux lieux où je le fus moi-même!»

Ce trait, plein de délicatesse et de sentiment, est attribué à milord Albermale, le même qui, voyant sa maîtresse occupée à regarder fixement une étoile, lui dit ce mot charmant : *Ne la regardez pas tant, ma chère, je ne pourrais pas vous la donner.*

(11) O charme de mon cœur, le tien est-il paisible?

Tout le monde reconnaîtra dans ces vers une

des lettres les plus éloquentes de la *Nouvelle Héloïse*, celle qui contient les détails de cette promenade dangereuse où Saint-Preux et Julie retrouvent, sur les rochers de Meillerie, les monuments de leurs premières amours. « Quand nous eûmes atteint ce réduit, et que je l'eus quelque temps contemplé : « Quoi ! dis-je à Julie en la regardant avec un œil humide, votre cœur ne vous dit-il rien ici, et ne sentez-vous pas quelque émotion secrète à l'aspect d'un lieu si plein de vous ? » Alors, sans attendre sa réponse, je la conduisis vers le rocher, et lui montrai son chiffre gravé dans mille endroits, et plusieurs vers de Pétrarque et du Tasse, relatifs à la situation où j'étais en les traçant. En les revoyant moi-même après si long-temps, j'éprouvai combien la présence des objets peut ranimer puissamment les sentiments violents dont on fut agité près d'eux. Je lui dis avec un peu de véhémence : « O Julie ! éternel charme de mon cœur ! voici les lieux où soupira jadis pour toi le plus fidèle amant du monde ; voici le séjour où ta chère image faisait son bonheur et préparait celui qu'il reçut enfin de toi-même. On n'y voyait alors ni ces fruits ni ces ombrages ; la verdure et les fleurs ne tapissaient point ces compartiments ; le cours de ces ruisseaux n'en formait point les divisions ; ces oiseaux n'y faisaient point entendre leurs ramages ; le vorace épervier, le corbeau funèbre, et l'aigle terrible des Alpes, faisaient seuls retentir de leurs cris ces cavernes ; d'immenses glaces pendaient à tous ces rochers; des festons de neige étaient le seul ornement de ces arbres : tout respirait ici les rigueurs de l'hiver et l'horreur des frimas ; les seuls feux de mon cœur me rendaient ce lieu supportable, et les jours entiers s'y passaient à penser à toi. Voilà la pierre où je m'asseyais pour contempler au loin ton heureux séjour; sur celle-ci fut écrite la lettre qui toucha ton cœur; ces cailloux tranchants me servaient de burin pour tracer ton chiffre; ici je passai le torrent glacé pour reprendre une de tes lettres qu'emportait un tourbillon; là, je vins relire et baiser mille fois la dernière que tu m'écrivis; voilà le bord où, d'un œil avide et sombre, je mesurais la profondeur de ces abimes; enfin ce fut ici, qu'avant mon triste départ, je vins te pleurer mourante et jurer de ne pas te survivre. Fille trop constamment aimée, ô toi pour qui j'étais né! faut-il me retrouver avec toi dans les mêmes lieux, et regretter le temps que je passais à gémir de ton absence!.... » J'allais continuer; mais Julie, qui, me voyant approcher du bord, s'était effrayée et m'avait saisi la main, la serra sans mot dire, en me regardant avec tendresse et retenant avec peine un soupir; puis tout à coup détournant la vue et me tirant par le bras : « Allons-nous-en, mon ami, me dit-elle d'une voix émue, l'air de ce lieu n'est pas bon pour moi. » Je partis avec elle en gémissant, mais sans lui répondre, et je quittai pour jamais ce triste réduit, comme j'aurais quitté Julie elle-même. »

Nouvelle Héloïse, part. IV, lett. XVII.

(¹²) Ces dômes, ces degrés dans les airs suspendus,
Conduisant au sommet d'une tour qui n'est plus,
Et ces autels sans culte, et leurs saints sans oracles,
Dont la vieille légende a vanté les miracles.

On peut comparer cette description d'une antique abbaye à celle qui se trouve dans le poëme des *Jardins*. Ici l'auteur, fidèle aux convenances de son sujet, réunit dans son tableau tous les détails qui parlent à la mémoire et à l'imagination; mais il y a dans les *Jardins* un trait qui me paraît plus touchant, et qui peut-être eût été mieux placé dans ce poëme.

Là, dans la solitude en rêvant égaré,
Quelquefois vous croirez, au déclin d'un jour sombre,
D'une Héloïse en pleurs entendre gémir l'ombre.

C'est là bien certainement un des effets les plus naturels de la puissance des lieux sur l'imagination, et je regrette que Delille, qui l'a si bien senti et si heureusement exprimé, n'ait pas réservé ces vers pour la place qui leur convenait le mieux, quoiqu'ils soient d'ailleurs très-bien à celle où il les a mis.

(¹³) Tout cet asile enfin, séjour de pénitence,
D'orgueil, de piété, de savoir, d'ignorance, etc.

Nous avons en prose plusieurs morceaux dans le même genre. Sans chercher à établir aucune comparaison, qu'on nous permette de citer ici quelques passages d'une description des ruines de la Thébaïde, cette terre qui offre tant de souvenirs sacrés et profanes.

« L'ermite s'avance au milieu des décombres, les chrétiens le suivent; ils regardent autour d'eux, et contemplent sans pouvoir se lasser ces colonnes éparses, brisées, ces pilastres entassés, ces vestiges d'une magnificence passée, et ces innombrables débris qui étonnent l'imagination par leur grandeur, comme ils attristent l'âme par leur ruine. « Hélas! mon père, s'écrie l'un des guerriers, cette nef auguste qui subsiste encore en partie, ce double rang de piliers, et cette arcade, si élevée que l'œil se fatigue à en mesurer la hauteur, tout cela aussi se détruira-t-il? » Il dit, et du sein du silence qui règne dans ces vastes ruines, une pierre ébranlée se détache, tombe et lui répond : à cette voix de la destruction, tous les assistants prennent une contenance morne et lugubre : l'ermite s'arrête, et élevant ses deux bras au-dessus de sa tête, il s'écrie avec un accent animé : « Autrefois ce temple fut debout, il fut habité par de pieux solitaires, dont les saintes hymnes se confondaient chaque jour avec celles des anges. Voici la grotte de son fondateur, de saint Jean Callimaque, qui s'y retirait pour y pleurer sur les crimes du monde, et désarmer en sa faveur la colère céleste; alors on n'approchait de cette place qu'avec un cœur plus pur, une foi plus ardente; mais l'impie n'a fait que paraître, et tout s'est écroulé. La mort a frappé les serviteurs de Dieu; les sacrés cantiques ont cessé, et le silence et la destruction se sont emparés de cette demeure désolée; encore un peu de temps, et la seule voix qui retentit dans ces ruines s'éteindra aussi; encore un peu de temps, et ce corps misérable retournera en poudre, comme ces colonnes qui rampent sur la terre après avoir touché jusqu'aux cieux. »

Ce morceau n'est qu'un fragment d'une plus longue description : il est tiré du roman de *Mathilde*, qui, malgré quelques légers défauts, a placé son auteur (madame Cottin) au rang de nos plus aimables écrivains.

(14) Toute la France en pompe y cacha Mirabeau.

Cet homme extraordinaire s'éteignait entre les bras de ses amis, dans la matinée du 2 avril 1791. Aucune idée religieuse ne se mêla à ses derniers moments; il professait le matérialisme le plus décidé. L'enthousiasme public prépara son apothéose. Les spectacles furent fermés; un cortége dont les rangs occupaient un espace de plus d'une lieue honora ses obsèques : son oraison funèbre fut prononcée par Cérutti; et son corps fut déposé au *Panthéon*, qu'un décret venait d'assigner pour demeure aux grands hommes dont s'enorgueillirait la France. Mais ces mêmes restes furent ignominieusement arrachés de leur dernier asile, dispersés avec outrage par la populace de 1793, et remplacés par ceux de l'exécrable Marat, traînés bientôt après à l'égout Montmartre par les mêmes hommes qui venaient de décerner à ce monstre les honneurs de cette incroyable apothéose.

(15) *Hélas! ce goût si pur, cette noble élégance,*
Des empires mûris marquent la décadence...

Un écrivain remarquable par la profondeur de sa pensée et la vigueur de son expression, presque toujours éloquente et grave, quelquefois brillante et concise, l'auteur de la *Législation primitive*, a dit quelque part : « Les nations commencent et recommencent dans les tentes, même celles qui finissent dans les boudoirs. » C'est l'abrégé de l'histoire de France, à la fin du dix-huitième siècle. La première partie de cette observation convient également aux anciens Romains, et je la trouve dans ces beaux vers de Delille, où les soupers de Mécène, le luxe des Césars, *ce goût si pur*, cette *molle élégance* dans les arts et dans les mœurs, sont présentés comme les avant-coureurs d'une décadence prochaine.

(16) *Le génie éploré de ces fameux remparts*
Distingua dans la foule un jeune amant des arts...

M. le comte de Choiseul-Gouffier, auteur du *Voyage pittoresque de la Grèce*, un des plus beaux monuments élevés par l'opulence et le pouvoir à la gloire des arts et des lettres. L'Europe savante jouit enfin du second volume de cet ouvrage, trop long-temps interrompu par les malheurs de la révolution. Delille avait suivi M. de Choiseul jusqu'à Constantinople; il avait été le témoin de ses infatigables recherches; il connaissait mieux que personne la pureté de son goût, la noblesse de son caractère, et sa passion pour tous les beaux-arts, qui le rendait digne de les protéger. Il voulut lui rendre un hommage éclatant; et dans la séance publique de l'Académie française pour la réception de M. de Choiseul, il lut ce fragment sur la Grèce et l'ancienne Rome, qui rappelait avec tant de grâce et de vérité les titres du récipiendaire. Les vers de Delille furent écoutés avec transport et recueillis avec avidité; lui-même il les a souvent répétés depuis dans les sociétés les plus brillantes, et l'on peut se convaincre aisément, par la lecture de quelques ouvrages plus récents, que cette partie du poëme de l'*Imagination* était connue depuis fort long-temps.

(17) *Jette encore une larme, et s'éloigne en silence.*

La destruction des bosquets de Versailles avait déjà coûté des regrets, et inspiré des vers charmants à Delille (*). Mais ce ne sont plus les pompes du luxe champêtre dont il déplore ici la perte, c'est la demeure des rois indignement violée, livrée à tous les genres de profanation, et condamnée à périr sous ses propres ruines, jusqu'à ce qu'il se présentât un acheteur assez riche et assez barbare pour anéantir ces ruines mêmes. Miraculeusement échappé à une destruction qui semblait inévitable, ce beau palais attire encore

(*) Poëme *des Jardins*, ch. II.

aujourd'hui l'admiration des étrangers : mais rien ne peuple sa vaste solitude, qu'un mélange étonnant de souvenirs glorieux et pénibles à la fois; et le Français se demande : « Quand reviendront nos rois rendre à ce magnifique séjour sa dignité première, et son plus bel ornement! »

(18) J'osai plus : dans ces bains frais et mystérieux
Que jamais ne profane un regard curieux,
Où cent jeunes beautés, plus belles sans parure;
Pour voile à la pudeur donnent leur chevelure,
Malgré l'affreux cordon, malgré le sabre nu,
J'entrai, brûlant de voir et tremblant d'avoir vu.

Il est, je crois, inutile d'avertir que le poëte n'a vu ce tableau voluptueux que des yeux de l'imagination. Jamais un Européen, peut-être même jamais aucun musulman n'a pénétré dans un bain de femmes turques : l'idée d'une mort inévitable protége le mystère de ces réunions, sans qu'il soit nécessaire de placer à l'extérieur des gardes armés de sabres et de cordons. Quelques femmes chrétiennes, distinguées par le rang et l'influence de leurs maris auprès de la cour ottomane, ont seules joui du spectacle singulier que présentent ces bains. On en trouve une description charmante dans les lettres de miladi Montague. « Les bains, dit-elle, étaient pleins de femmes. Ils sont construits en pierre, et ont la forme de dômes. Le jour ne vient que d'en haut, mais ils n'en sont pas moins bien éclairés. Cinq dômes communiquent ensemble. Le plus près du dehors est moins grand que les autres; il sert d'antichambre, et c'est là que se tient la portière... La pièce qui suit est fort grande; elle est pavée en marbre; tout autour sont des bancs fort bas, également de marbre, en forme de sofas, les uns au-dessus des autres. Cette salle contient quatre fontaines d'eau froide qui tombe d'abord dans des cuves de marbre, et coule ensuite sur le plancher par une rigole pratiquée pour être conduite jusqu'à la pièce suivante, qui est un peu moins grande que celle-ci. Elle est tellement remplie d'une vapeur chaude et sulfureuse qui vient des bains voisins, qu'il serait impossible d'y rester avec ses habits. Les deux autres dômes ou chambres voûtées contiennent les bains chauds, et dans l'une des deux passe un tuyau d'eau froide, dont on peut tourner le robinet à volonté pour tempérer la chaleur et l'amener au degré que l'on veut....

» Les premiers sofas se couvrirent de coussins et de riches tapis, sur lesquels ces femmes se placèrent. Ceux de derrière furent occupés par leurs esclaves, qui se mirent à les coiffer. Il m'a semblé qu'il n'y avait aucune distinction de rang. Toutes les baigneuses étaient absolument nues; rien ne cachait leurs beautés ni leurs défauts : mais il ne leur échappait aucun geste indécent, aucune posture lascive; leur démarche et leurs mouvements avaient une certaine grâce noble et majestueuse, telle que Milton nous peint celle de la mère du genre humain. Quelques-unes d'entre elles ont des formes aussi parfaites que ces déesses sorties du pinceau du Guide et du Titien. La plupart, dont la peau est d'une blancheur éblouissante, parées seulement de leurs beaux cheveux, dont les tresses tombaient sur leurs épaules, et qui étaient parsemés de perles et de rubans, me représentaient parfaitement les Grâces..... Il y aurait beaucoup à gagner pour le talent d'un peintre, s'il voyait tant de belles femmes nues dans différentes attitudes, les unes travaillant, les autres causant ensemble; celles-ci prenant du café ou du sorbet, celles-là négligemment couchées sur des carreaux : leurs esclaves, qui sont ordinairement de jolies filles de dix-sept ou dix-huit ans, sont occupées à tresser leurs cheveux de toutes sortes de manières très-agréables. Elles sont là comme des hommes sont dans un café; on y dit toutes les nouvelles de la ville, les anecdotes un peu scandaleuses, etc. Les femmes prennent ce divertissement une fois par semaine, et restent ainsi nues quatre ou cinq heures, sans gagner de rhumes, quoiqu'en quittant un lieu aussi chaud elles passent dans des chambres qui ne le sont point du tout, etc., etc. Andrinople, avril 1777. »

(19) Meudon, à qui je dois tout l'honneur de mes chants.

Mesdames, tantes de Louis XVI et de ses augustes frères, avaient donné à Delille un logement dans l'ancien château de Meudon qui leur appartenait; et c'est là qu'il composa ses plus beaux ouvrages. Sa muse reconnaissante ne perd aucune occasion de rappeler le bienfait, pour payer à ses illustres bienfaitrices l'inaltérable tribut de son dévouement et de sa fidélité. Voyez, dans le quatrième chant du poëme *Malheur et Pitié*, les beaux vers qu'il a consacrés à la mémoire de mesdames VICTOIRE et ADÉLAÏDE de France.

(20) Par le fer destructeur je les vis abattus;
    Abattus au printemps!

En rendant compte dans le temps du poëme de l'*Imagination*, l'un de nos critiques les plus distingués (M. de Féletz) prêta ingénieusement ici au poëte une beauté de sentiment, par la simple substitution du point d'exclamation à la virgule, que portent en effet toutes les éditions. Delille sentit tout le prix d'une correction qui lui donnait à si bon marché une beauté de plus; et il se promettait bien d'en profiter. Nous remplissons donc ses intentions, en adoptant la ponctuation nouvelle.

(21) Sous les cieux africains voyez le voyageur,
    Des sables de Rosette, ou des landes du Caire,
    Traverser lentement l'espace solitaire.

Les environs de Rosette et les campagnes du Caire ne sont pas les lieux les plus solitaires de l'Égypte; mais il ne faut point exiger du poëte l'exactitude rigoureuse qu'on demande aux géographes. Le tableau qu'il a tracé convient parfaitement au désert qu'on traverse en partant d'Alexandrie et aux sables brûlants qui forment l'isthme de Suez. Cet espace est d'une aridité complète;

c'est une mer de sable, qui devient le tombeau des caravanes quand le vent du midi, qu'on appelle *Kamsin*, se répand dans l'air et obscurcit l'horizon. La route que suivent les caravanes est toute semée d'os de chameaux, que l'impression du soleil ardent a rendus d'une blancheur éblouissante; et la soif qu'on éprouve dans cette longue traversée, quand les provisions d'eau sont épuisées, redouble encore par le phénomène du mirage, que produit la réverbération du soleil sur les sables du désert; on croit apercevoir un grand fleuve dans l'éloignement, et cette illusion est si complète, que même ceux qui en sont prévenus ont toutes les peines du monde à s'en désabuser. Toutes les relations des campagnes des Français en Égypte, pendant les années 1798 et 1799, attestent ce qu'ils eurent à souffrir des incommodités du climat. Mais la gaieté française ne les abandonna pas pour cela: *Voilà nos arpents*, s'écriaient-ils, en traversant ces mers d'un sable brûlant, *voilà nos arpents!* C'était une allusion maligne à la promesse du gouvernement d'alors, qui avait garanti *deux arpents de terre* à chaque soldat français de retour de l'expédition.

(22) . . . . Au bord de ces fontaines,
Où, sur un mol amas de coussins fastueux,
Le superbe Ottoman, triste et voluptueux,
Enivré de ces sucs dont la vertu l'inspire,
De ses rêves charmants entretient le délire.

L'usage de l'opium est une passion générale

parmi les Turcs; il les plonge dans cette molle insouciance, dans cette espèce de léthargie voluptueuse, qui, en dénaturant les premiers traits de leur caractère, semblent être devenues pour eux la sagesse et le bonheur. En effet, il est peut-être bon qu'il y ait un moyen doux, facile et certain d'oublier à la fois l'avenir et le passé, chez un peuple écrasé par le despotisme le plus ignorant et le plus absurde qui ait jamais avili l'espèce humaine. Un voyageur qui cherche les rapprochements ingénieux et piquants avec plus de soin que les idées justes, comme la plupart des faiseurs de portraits, appelle les Turcs un peuple d'*antithèses*; il les peint braves et poltrons, bons et féroces, fermes et faibles, actifs et paresseux, libertins et dévots, sensuels et durs, recherchés et grossiers, une main sur des roses et l'autre sur un chat mort depuis deux jours. Il ajoute qu'ils tiennent un peu des Grecs et beaucoup des Romains, sans observer qu'un petit nombre de traits communs à ces trois nations ne fait que rendre leurs différences plus frappantes; mais les détails suivants sur les mœurs et la vie privée des Turcs sont aussi agréables que vrais. Il aiment à ne voir en se réveillant que de jolies figures destinées à leur apporter le café, le sorbet, l'opium, la pipe, le bois d'aloès, les parfums d'ambre et les essences de roses. Ils sont presque toujours couchés comme les Romains, qui sans doute avaient comme eux leurs divans, où ils mangeaient de même, et oubliaient toute la journée qu'ils avaient des jambes. Leurs tuniques et leurs pantoufles prouvent que ces deux nations n'aimaient pas la promenade ; ils ont même usurpé les préjugés des Romains comme leur empire. Les Turcs craignent l'influence maligne des regards. Ils n'éloignent avec tant de soin les écuries du Grand-Seigneur, que par la même superstition qui faisait dire à Virgile :

Nescio quis teneros oculus mihi fascinat agnos.

Ils croient même que le premier regard est le plus dangereux, et c'est pour le détourner qu'ils ont soin de placer de l'ail et quelquefois des œufs d'autruche sous le toit de leurs maisons.

(23)(24) Jaloux de tout connaître, un jeune amant des arts,
L'amour de ses parents, l'espoir de la peinture,
Brûlait de visiter cette demeure obscure,
De notre antique foi vénérable berceau.

L'artiste célèbre (Robert), auquel arriva en effet l'aventure si pittoresquement décrite par Delille, était né à Paris, en 1733. Ses parents voulurent lui faire embrasser l'état ecclésiastique ; et ses études furent dirigées d'après leurs vues. Mais le jeune homme déclara ne pouvoir sacrifier sa passion pour la peinture. Dès son enfance, et malgré la contrainte où il vivait, il s'était appliqué à cet art ; et ses professeurs lui surprenaient, de temps en temps, pendant la classe, des essais clandestins de son talent. Enfin, sur le témoignage de Michel-Ange Sloodtz, qui avait démêlé, dans ces dispositions précoces, le germe d'un grand artiste, la famille de Robert ne s'opposa plus à sa vocation; et il fut libre de partir pour Rome, où ses crayons retracèrent, pendant douze ans, tous les riches aspects et les précieux monuments de l'Italie. Il choisit, pour revoir sa patrie, l'année 1767, qui devait être marquée par une exposition des ouvrages des membres de l'Académie de Peinture et de Sculpture, et à la sollicitation de ses amis, il entreprit un tableau pour se faire recevoir dans ce corps. Il comptait si peu sur son ouvrage, qu'il se disposait à repartir pour l'Italie, lorsque la décision de l'Académie, qui l'adoptait à l'unanimité, le fit renoncer à ce voyage. Catherine II lui fit, en 1782 et 1791, des propositions flatteuses pour l'attirer à Pétersbourg : il demeura fidèle à son pays. La révolution le trouva conseiller de l'Académie, garde des tableaux du roi, et dessinateur de tous les jardins royaux : elle le dépouilla de ses places et lui ravit même la liberté. Renfermé à Sainte-Pélagie, Robert y porta, pendant les dix mois de sa captivité, la sérénité de son âme et la gaieté de son caractère. Lorsque l'on transféra les prisoniers de Sainte-Pélagie à Saint-Lazare, dans des charrettes découvertes, à la lueur des flambeaux, au milieu des cris de la populace, Robert ne fut occupé, pendant ce trajet, qu'à dessiner cette scène d'horreur, dont il fit un tableau très-remarquable. Il mourut subitement, dans son atelier, le 15 avril 1808. Ce peintre savait animer par d'heureuses conceptions la monotonie du genre qu'il avait adopté, la peinture des ruines et des monuments, dont le

Musée du Louvre possède plusieurs morceaux d'un effet pittoresque et varié. Renommé aussi pour la composition des jardins pittoresques, Robert traça le plan d'un grand nombre de ces jardins-paysages, où le luxe demande au goût des effets qui imitent la nature. Le parc de Méreville, et les bains d'Apollon, du parc de Versailles, furent exécutés d'après ses dessins. Son ardeur pour le travail tenait de l'enthousiasme : entreprendre était un besoin de son esprit. On le vit escalader les murs du Colisée de Rome, ébranlés par le temps ; hasarder une promenade sur la corniche du dôme de Saint-Pierre, et s'enfoncer dans le labyrinthe des Catacombes, témérité qui inspira si heureusement le chantre de l'*Imagination*. Inspiré à son tour par les beaux vers de Delille, Robert saisit son pinceau, et fit de la description du poëte un magnifique tableau, qui ornait la galerie de madame de Holstein-Beck, princesse du sang impérial de Russie. Ce peintre aimable et spirituel avait été le condisciple de Delille, et resta constamment son ami. Il convenait franchement que la description de son aventure lui avait fait éprouver plus de terreur que l'aventure même.

(25) O toi, qui d'Ugolin traças l'affreux tableau,
  Terrible Dante, viens, prête-moi ton pinceau.

Le comte Ugolin et ses quatre fils, enfermés dans la même tour, furent condamnés à mourir de faim par l'impitoyable vengeance de l'archevêque de Pise, qui fit murer la porte de leur cachot.

Cette horrible aventure est racontée dans le trente-troisième chant de l'*Enfer* du Dante, qui représente Ugolin s'acharnant sur le crâne de son barbare ennemi.

La bocca sollevò dal fiero pasto, etc.

C'est un des plus beaux morceaux de la poésie italienne, et peut-être celui qui a fixé le rang de ce grand poëte ; il est du moins vraisemblable qu'il serait peu lu, quoiqu'il soit le créateur d'une langue, si son poëme n'était consacré par deux ou trois épisodes, tels que ceux du comte Ugolin et de Françoise de Rimini.

VARIANTES
DU CHANT PREMIER.

PAGE 44, VERS 1.

Je dirai ses attraits, etc.

Ce vers, et les dix-neuf qui le suivent, ne se trouvent pas dans les premières éditions. Le poëte, après avoir dit :

> Je chante dans mes vers
> L'Imagination, charme de l'univers ;

passe immédiatement à l'invocation :

> Mais pour la célébrer, ma voix a besoin d'elle.
> Où donc te rencontrer, etc.

PAGE 46, VERS 1.

Mais, avant de chanter, etc.

PAGE 68, VERS 27.

> Le vaisseau réparé
> Déjà flottait sur l'onde, au départ préparé.
> Le nocher était prêt, etc.

PAGE 69, VERS 18.

O ciel, fais-moi mourir, fais-moi mourir sur l'heure.

Après ce vers, on lit les quatre suivants dans les précédentes éditions.

Tandis que l'avenir se montre au moins douteux

VARIANTES DU CHANT I.

Tandis qu'un doux espoir encourage mes vœux;
Tandis que, ô mon cher fils! ô seul bien que j'adore!
Je puis te voir, t'entendre, et t'embrasser encore!

PAGE 69, VERS 23.

On le prend, on l'emporte.

PAGE 73, VERS 1,

Mais de vos sorts divers, etc.

VARIANTES
DU CHANT DEUXIÈME.

PAGE 113, VERS 6.

Qui fait pâlir des nuits l'inégale courrière.

PAGE 121, VERS 3.

L'emporte encor fumant de ce sang odieux.

IBID., VERS 7.

Mais d'un vol bien plus prompt.

PAGE 129, VERS 3.

Qu'en peignent dans ses vers l'impétueuse ardeur, Lucrèce, etc.

Ce vers, et les sept qui suivent, ne se lisent point dans les éditions antérieures à 1817.

PAGE 135, VERS 19.

Reçus d'une autre main.

VARIANTES
DU CHANT TROISIÈME.

PAGE 165, VERS 11.

Et même, quand des nerfs.

PAGE 170, VERS 3.

Piquante sans recherche et sans étourderie, etc.

Tout ce morceau, jusqu'au vers;

Ou peut-on rencontrer ce doux moyen de plaire?

a été ajouté par l'auteur dans les éditions postérieures à celle de 1806.

PAGE 171, VERS 19.

Mais je vois la pudeur s'avancer sur sa trace

PAGE 178, VERS 7.

Mais combien parmi nous.

PAGE 179, VERS 22.

Dont la contagion menaça l'univers!

PAGE 198, VERS 1.

Enfin la nuit revient.

VARIANTES
DU CHANT QUATRIÈME.

PAGE 232, VERS 14.

Il veut des lieux affreux.

IBID., VERS 26.

Lieux si chers à nos yeux.

PAGE 233, VERS 27.

Les lieux même, les lieux.

PAGE 239, VERS 26.

On m'instruit qu'adorant un lâche scélérat,
Toute la France en pompe y vint cacher Marat.

Ce fut le dernier terme de la profanation pour le magnifique édifice, si scandaleusement enlevé pendant près de trente ans, sous le nom de *Panthéon*, à sa première et religieuse destination : il est rendu, et pour toujours sans doute, à la piété des fidèles et au culte de la sainte patronne de Paris.

PAGE 248, VERS 7.

L'Amour même chérit les ombres du mystère.

Tout ce qui suit, jusqu'au vers,

Eh! pourrai-je oublier, etc.

ne se trouve pas dans les éditions antérieures à 1817.

VARIANTES DU CHANT IV.

PAGE 249, VERS 1.

Eh ! pourrai-je oublier les lieux inspirateurs,
Où l'on goûte des arts les dons consolateurs ?

PAGE 253, VERS 16.

Le cœur tout palpitant, il aborde, il arrive.

FIN DU TOME PREMIER DE L'IMAGINATION.

TABLE DES MATIÈRES

CONTENUES

DANS CE VOLUME.

———

Épitre à madame Delille.................. Pag. 3
Préface................................. 11

L'IMAGINATION.

Chant I................................. 41
Notes du chant I........................ 75
Chant II................................ 111
Notes du chant II....................... 141
Chant III............................... 163
Notes du chant III...................... 203
Chant IV............................... 227
Notes du chant IV....................... 261
Variantes............................... 291

FIN DE LA TABLE.

www.ingramcontent.com/pod-product-compliance
Lightning Source LLC
Chambersburg PA
CBHW071132160426
43196CB00011B/1867